CAMBRIDGE LIBRARY COLLECTION

Books of enduring scholarly value

Linguistics

From the earliest surviving glossaries and translations to nineteenth-century academic philology and the growth of linguistics during the twentieth century, language has been the subject both of scholarly investigation and of practical handbooks produced for the upwardly mobile, as well as for travellers, traders, soldiers, missionaries and explorers. This collection will reissue a wide range of texts pertaining to language, including the work of Latin grammarians, groundbreaking early publications in Indo-European studies, accounts of indigenous languages, many of them now extinct, and texts by pioneering figures such as Jacob Grimm, Wilhelm von Humboldt and Ferdinand de Saussure.

Aperçu général de la science comparative des langues

The German-born philologist Louis Benloew (1818–1900) studied at Berlin, Leipzig and Göttingen before settling in France. Aperçu général de la science comparative des langues (first published in 1858) is his best-known work. In this second edition of 1872, which includes his own further research on the Celtic languages, he uses the comparative study of grammar and vocabulary to identify relationships between languages and to classify them into families. Not all of his conclusions – especially those connecting the so-called Japhetic (i.e. Indo-European) family to the Semitic languages – are still accepted, but the ambitious scope of his work and the range of his world-wide comparisons provide a useful insight into the state of linguistic research in the mid nineteenth century.

Cambridge University Press has long been a pioneer in the reissuing of out-of-print titles from its own backlist, producing digital reprints of books that are still sought after by scholars and students but could not be reprinted economically using traditional technology. The Cambridge Library Collection extends this activity to a wider range of books which are still of importance to researchers and professionals, either for the source material they contain, or as landmarks in the history of their academic discipline.

Drawing from the world-renowned collections in the Cambridge University Library, and guided by the advice of experts in each subject area, Cambridge University Press is using state-of-the-art scanning machines in its own Printing House to capture the content of each book selected for inclusion. The files are processed to give a consistently clear, crisp image, and the books finished to the high quality standard for which the Press is recognised around the world. The latest print-on-demand technology ensures that the books will remain available indefinitely, and that orders for single or multiple copies can quickly be supplied.

The Cambridge Library Collection will bring back to life books of enduring scholarly value (including out-of-copyright works originally issued by other publishers) across a wide range of disciplines in the humanities and social sciences and in science and technology.

Aperçu général de la science comparative des langues

Louis Benloew

CAMBRIDGE
UNIVERSITY PRESS

CAMBRIDGE UNIVERSITY PRESS

Cambridge, New York, Melbourne, Madrid, Cape Town, Singapore,
São Paolo, Delhi, Dubai, Tokyo

Published in the United States of America by Cambridge University Press, New York

www.cambridge.org
Information on this title: www.cambridge.org/9781108006699

© in this compilation Cambridge University Press 2009

This edition first published 1872
This digitally printed version 2009

ISBN 978-1-108-00669-9 Paperback

APERÇU GÉNÉRAL

DE LA

SCIENCE COMPARATIVE

DES LANGUES.

TOULOUSE, IMP. A. CHAUVIN ET FILS, RUE MIREPOIX, 3.

APERÇU GÉNÉRAL

DE LA

SCIENCE COMPARATIVE

DES LANGUES

PAR

Louis BENLOEW

Doyen de la Faculté des lettres de Dijon.

———•••———

DEUXIÈME ÉDITION,

Augmentée de deux traités lus à l'Académie des Inscriptions et Belles-Lettres,
d'une classification des langues et des modes d'écriture d'après le docteur Steinthal,
d'un traité de la formation des langues celtiques.

PARIS

ERNEST THORIN, ÉDITEUR

7, RUE DE MÉDICIS, 7

—

1872

PRÉFACE DE LA SECONDE ÉDITION.

———

Depuis qu'une société de linguistique a été fondée à Paris par le concours des philologues les plus éminents de notre pays, et que la tradition des fortes études a été assurée dans cette branche des connaissances humaines, des brochures pareilles à celle que nous faisons réimprimer aujourd'hui, quelle que soit d'ailleurs leur valeur, n'ont plus de quoi surprendre ceux qui se préoccupent du progrès des sciences dans notre enseignement. Contesterait-on l'opportunité de cette réimpression? Mais nous avons choisi précisément le moment où notre jeunesse retourne avec ardeur au travail, où tout le monde sent qu'il ne faut laisser à l'Allemagne le privilège d'aucune science nouvelle. C'est ainsi qu'à Dijon même, le cours de sanscrit et de grammaire comparée, qui avait cessé d'être suivi, vient de se réorganiser. Je n'ai pas voulu que cette seconde édition de l'*Aperçu* fût simplement la reproduction de la première. J'y ai ajouté deux traités (*sur l'Onomatopée* et *sur l'Infinitif passif*), qui ont eu les honneurs de la lecture à l'Académie des Inscriptions et Belles-Lettres ; je l'ai enrichie de deux tableaux du Dr Steinthal dont l'un contient la classification méthodique de toutes les langues du globe, l'autre celle de tous les modes d'écriture. Enfin, on y trouvera l'exposition d'une théorie nouvelle sur l'origine et la formation des langues celtiques, théorie fondée sur quelques traits qui leur sont communs avec des idiomes dravidiens et malais. Ainsi augmenté, l'*Aperçu* se présente presque avec les apparences d'une publication nouvelle. C'est comme telle 'que nous osons la recommander à l'indulgence des juges compétents, indulgence qui, jusqu'à présent, ne lui a manqué ni en France ni à l'étranger.

Dijon, le 12 avril 1872.

TABLE DES MATIÈRES.

APERÇU GÉNÉRAL

DE LA

SCIENCE COMPARATIVE DES LANGUES

§ 1er. — DÉFINITION DE LA GRAMMAIRE COMPARÉE.

La grammaire renferme cet ensemble de règles par lequel se manifeste l'organisme d'une langue Lorsqu'elle s'efforce d'indiquer jusqu'à un certain point les origines de ces règles, d'en expliquer les causes et d'en décrire l'enchaînement, on l'appelle *grammaire raisonnée.* Lorsque, pour donner plus de force à cette méthode, elle a recours à des exemples et à des règles empruntés à la grammaire de plusieurs autres langues, étrangères ou classiques, elle devient la *grammaire comparée.* Mais il faut pour cela que ces langues soient sœurs, autrement la comparaison serait sans fruit. Encore, dans ces limites, elle peut être plus ou moins complète, car elle peut être faite avec plus ou moins d'éléments comparés, avec plus ou moins d'intelligence et en vue de résultats plus ou moins élevés.

Lorsque nous comparons le français à l'italien et à l'espagnol, ou à tous les deux à la fois, il est facile de reconnaître à ces trois idiomes une origine commune, un système grammatical presque identique, et des différences qui, toutes nombreuses et toutes considérables qu'elles puissent paraître aux contemporains qui parlent ces langues, auront aux yeux de la science une signification

1

peu importante. C'est que la comparaison se sera renfermée dans un champ bien étroit en passant en revue trois idiomes sortis d'un même idiome et conservant les traits principaux qui trahissent cette origine. Si, pour passer d'un extrême à l'autre, on voulait établir un parallélisme entre le français et le sanscrit ou entre le français et le turc, on entreprendrait une œuvre bien autrement inutile A coup sûr, rien ne saurait moins s'accorder ensemble que les règles de la langue tatare que nous venons de nommer et celles de l'idiome que nous parlons tous les jours. Nous ne nous étonnons pas de trouver sur les limites de l'Europe et de l'Asie une population longtemps barbare et dont le vocabulaire ne ressemble nulle part au nôtre ; mais nous sommes frappés de la différence de procédés employés par elle pour rendre la pensée de l'homme. L'unique résultat que nous retirerons de cette étude et de cette comparaison sera donc qu'il y a des idiomes tellement divergents entre eux qu'il paraît tout d'abord difficile de leur assigner un point de départ commun, d'y retrouver des principes analogues et d'expliquer par les mêmes raison leur croissance et leur développement.

Lorsque l'on compare le français au sanscrit, en supposant qu'on ne connaisse bien que ces deux langues, peut-être l'impression sera-t-elle à peu près la même. Nous serons frappés surtout par la prodigieuse différence qui sépare la langue si synthétique, si compliquée, des anciens Indous, d'avec l'idiome si clair, si précis, et, pour ainsi dire, si algébrique que nous parlons; nous ne retrouverons dans le sanscrit ni nos conjugaisons, ni nos déclinaisons, — si tant est que nous en ayons encore, — ni enfin notre vocabulaire, et pourtant tout cela s'y trouve, ou en entier, ou en partie. Mais si, au lieu de franchir d'un seul bond la distance des lieux et des temps, nous renouons prudemment, et degré à degré, la chaîne de l'histoire, si du français nous passons au latin, du latin au grec ou plutôt au dialecte éolien, dont l'affinité intime avec le latin est bien connue, et si, par un dernier effort, nous quittons les bords de l'Eurotas et de l'Ilissus pour ceux du Gange, c'est alors que nous assistons à la lente transformation du langage et que nous reconnaissons sur une terre lointaine et inconnue, sous des déguisements étranges et sous une enveloppe qui peut nous paraître bizarre d'abord, les traits familiers de notre idiome.

Celui qui voudrait comparer directement la langue française avec la langue allemande courrait le risque de ne pas voir ses efforts couronnés d'un plein succès. Mais, si du français, par la filiation que nous venons d'indiquer, arrivé au sanscrit et au zend, idiome peu différent du sanscrit et presque aussi ancien que lui, il passe au gothique, il sera frappé des liens intimes qui rattachent ce dialecte, le plus ancien des idiomes teutoniques, à la grande famille indo-européenne. Peut-être serait-il presque aussi difficile de reconnaître dans la langue d'Ulphilas l'allemand de nos jours que de retrouver seulement une trace de l'idiome français dans le *Mahabharata* et dans le *Ramayana* des Indous. Heureusement qu'entre le gothique et l'allemand moderne se trouvent les anneaux intermédiaires du haut allemand ancien et du haut allemand moyen, qui nous font découvrir l'identité radicale de toutes ces langues, en nous signalant les changements insensibles que cet idiome unique subit durant les phases diverses de son développement. La comparaison entre le français et l'allemand de nos jours ne sera donc réellement fructueuse que lorsque, après avoir examiné une à une les langues du midi, on aura abordé les uns après les autres les dialectes du nord, et qu'après avoir ainsi parcouru le cercle des comparaisons, on sera revenu au point de départ. Car c'est seulement alors que l'on saura que le français et l'allemand, malgré une physionomie apparemment si différente, appartiennent à une même famille, la famille japhétique.

On en peut dire autant de la comparaison du français et du polonais ou du russe; seulement, au lieu de passer du sanscrit au gothique, on doit suivre une autre route, c'est à-dire aborder l'étude du lithuanien, qui, dans une autre direction, ouvrira la vaste perspective des langues slaves. Grouper ainsi autour du même centre tous les membres d'une même famille, signaler à la fois toutes les variétés qu'ils peuvent fournir, leurs points de ressemblance et les caractères spécifiques que leur ont imprimés des nationalités et des climats différents, c'est là une méthode digne de la science, c'est là l'œuvre d'un vrai linguiste. Et cependant ce n'est pas encore le point de vue le plus élevé auquel puisse atteindre la grammaire comparée.

Dans l'état actuel de nos connaissances il est impossible de rattacher toutes les langues à un centre commun, et nous sommes forcés de reconnaître plusieurs familles autres que la famille japhétique. Au sein de chacune de ces familles nous rencontrons le même genre d'identité et de diversité qui nous frappe dans les idiomes indo-européens lorsque nous les examinons avec attention, et chacune d'entre elles fournit matière à des recherches linguistiques également étendues, également importantes. Nous pouvons croire que les langues japhétiques, parlées par les peuples les plus civilisés du globe, représentent d'une manière plus générale et plus vraie la pensée humaine dans toute sa puissance. Mais il sera toujours impossible de nier qu'elles ne représentent pas cette pensée tout entière et qu'elles ne sauraient épuiser tous les modes dont les races qui peuplent ce globe peuvent se servir pour la manifester. La grammaire comparée doit donc s'imposer une dernière tâche, qui, sans doute, est la plus difficile. Elle doit d'abord classer tous les idiomes de la terre, autant qu'ils lui sont connus, d'après leurs familles; montrer ensuite ce qu'il y a de commun entre toutes ces familles, les points par où elles diffèrent entre elles, la facilité plus ou moins grande qu'elles offrent à la pensée humaine de se manifester avec force et clarté, et faire connaître enfin les variétés de civilisations plus ou moins avancées auxquelles elles semblent avoir donné naissance.

§ 2. — DE L'ENCHAINEMENT NATUREL DES SCIENCES ET DU RANG QU'Y OCCUPE LA GRAMMAIRE COMPARÉE.

On a dit avec raison que la grammaire ainsi que la grammaire comparée faisaient partie de la philologie; il importe donc avant tout de définir le rôle du philologue. Est-ce celui qui enseigne les principes des grammaires française, grecque, latine, à la jeunesse des lycées? Est-ce celui qui étudie à fond les auteurs classiques avec les variantes et les leçons nombreuses fournies par les manuscrits plus anciens ou plus récents, en apportant dans cette œuvre la perspicacité et le goût, fruit de lectures laborieuses et de constantes études? Est-ce celui qui s'occupe des langues teutoniques ou celui qui apprend les langues orientales? Est-ce celui qui déchiffre les cunéiformes ou qui dégage de volumes confus et sans nombre les principes et la religion du bouddhisme? Est-ce celui qui examine et déchiffre les inscriptions trouvées sur les anciens monuments de tous les peuples? Est-ce celui qui, à l'aide de ces monuments et de toutes les ressources dont dispose l'érudition moderne, reconstruit la vie privée, publique, politique, religieuse, artistique, des Romains, des Spartiates, des Athéniens, des Arabes, des Juifs, des Egyptiens, etc.? Est-ce celui qui étudie les anciens médecins, jurisconsultes, architectes, dans les textes mêmes? Est-ce celui qui, dans les temps plus rapprochés de nous, choisit un siècle dans l'histoire de la France ou de tout autre pays pour en décrire les événements, pour en peindre les mœurs, les habitudes et la société toute vivante? Le philologue peut être tout cela. Il peut réunir, sinon toutes ces spécialités de science — car la science est infinie, et il n'est donné à aucun homme d'en embrasser même une seule partie complétement — au moins quelques unes parmi celles que nous venons de citer. Ses études peuvent toucher non-seulement à la linguistique, à la littérature, à l'histoire, mais encore aux arts, à la médecine, à la jurisprudence, aux sciences naturelles, etc. Car, en réalité, il n'y a que deux grandes familles de sciences, qui s'appellent et se complètent mutuellement : la *philosophie* qui part des principes fondamentaux de notre raison, et qui des idées passe aux faits, et la *philologie*, science du passé, science des faits, qu'elle s'efforce de connaître et de classer en en dégageant les idées générales. Comme la philologie, la philosophie touche à bien des spécialités ; elle comprend non-seulement la philosophie proprement dite, la morale, la théodicée, les premières règles de la politique, le droit naturel, le droit des gens, mais encore les mathématiques pures, qui sont indépendantes des faits, les premières notions de la musique, de l'architecture, de presque tous les arts, et même des sciences naturelles. La philosophie veut

connaître simplement, absolument : γινώσκειν, la philologie
veut reconnaître ce qui était connu : ἀναγινώσκειν.

Il est clair, d'après ce qui précède, que toutes les sciences auxquelles nous accordons aujourd'hui ce nom, théolo-
gie, jurisprudence, médecine, etc., ont leur côté philolo-
gique et leur côté philosophique. Elles sont philologiques
lorsque nous suivons et étudions leur développement à
travers les siècles ; elles sont philosophiques lorsque nous
les faisons dériver des principes immédiats de la nature
humaine. C'est ainsi que la philosophie elle-même donne
la main à la philologie quand elle s'applique à étudier, à
coordonner les différents systèmes qui se sont succédé
dans tous les temps, chez tous les peuples, et que la philologie appelle à son secours la philosophie chaque fois qu'elle
porte la lumière de la raison dans le désordre de faits in-
cohérents.

Les sciences, qui sont comme la fleur intellectuelle de
l'humanité, se développent d'elles-mêmes, d'après un certain ordre. La première, la plus vague, la plus obscure,
celle qui renferme les germes de toutes les autres, c'est la
mythologie. Lorsque la pensée d'un peuple arrive à une certaine clarté, à une certaine indépendance, la mythologie
se transforme en *philosophie*. Celle-ci, réduite au dernier
degré de l'abstraction, aux notions de quantité et de qualité, touche par la quantité aux *mathématiques*, par la qualité aux *sciences naturelles*. C'est dans ces dernières que la
médecine, la *chimie*, la *botanique*, etc., trouvent leur place.
De même qu'à l'ordre physique répond, dans le monde
des idées, l'ordre moral, les *sciences éthiques* répondent
aux sciences naturelles, en leur succédant. Car l'esprit de
l'homme aperçoit dans les unes et dans les autres quelques
analogies et des lois semblables. Ces sciences embrassent
la *politique*, qui à son tour comprend l'*éducation*, chez les

anciens du moins ; la *jurisprudence*, la connaissance des antiquités et des traditions, par conséquent la *critique* et la *rhétorique*. C'est ainsi que nous sommes amenés à la *science littéraire*, qui n'est autre chose que l'histoire des styles. Elle embrasse comme sciences auxiliaires et secondaires l'*épigraphie* et la *numismatique*.

Mais, de même que les connaissances d'un peuple présentent un système de conceptions et d'idées, sa langue n'est autre chose que la manifestation de ces conceptions par le son articulé ; et de même que ces conceptions et ces idées peuvent et doivent changer, la langue se transforme et change aussi. Ce qui est dire en même temps que la grammaire et le dictionnaire d'une langue sont mobiles, et que, si l'on peut dire jusqu'à un certain point qu'ils font naître une certaine culture de l'esprit, d'un autre côté cette culture les accompagne et les transforme à son tour. C'est pourquoi le langage, lui aussi, a son histoire, et l'on comprendra aisément pourquoi nous avons assigné à cette histoire du langage ou *grammaire comparée* le rang le plus élevé parmi les sciences philologiques.

Le langage, sans doute, est aussi ancien que la mythologie, que nous avons placée en tête de la série entière ; mais ce langage n'est pas encore la langue formée, maîtresse de toutes ses ressources et de toute sa puissance. Et de même que dans la philosophie aucune partie ne fut traitée plus tardivement que celle qui montre la capacité et les limites de cette raison, à l'aide de laquelle seule on pouvait *philosopher*, de même l'analyse n'aborda qu'en dernier lieu le merveilleux instrument à l'aide duquel l'homme a dompté la matière, institué la société, créé les arts et les lettres, et fondé les sciences. De toutes les recherches philologiques, celles qui concernent l'histoire du langage sont les plus délicates et les plus subtiles. Elles

surprennent la marche de l'esprit humain dans son travail
le plus intime et le plus irrésistiblement instinctif. Le langage humain étant donc la manifestation la plus directe de
l'esprit humain, la philologie, définie si bien par M. Bœckh
« *cognitio cogniti* », découvre cette fois-ci avec certitude les idées générales qui se dégagent de l'ensemble de
faits le plus intellectuel et le plus spiritualiste que l'on connaisse. L'étude des catégories grammaticales, l'étude de
la naissance, du développement et de la décadence des langues, l'étude de leurs affinités et de leurs divergences a
donc bien été appelée Θριγκὸς μαθημάτων φιλολογικῶν, c'est-
à-dire le sommet et le faîte des connaissances philologiques.

§ 3. — DU BUT DE LA GRAMMAIRE COMPARÉE ET DE SON UTILITÉ.

La grammaire comparée n'étant pas ce qu'on appelle
vulgairement une science appliquée, on ne peut point
parler non plus de son utilité directe, immédiate et pratique. Elle peut néanmoins procurer incidemment des
avantages assez considérables à ceux qui la cultivent.
Lorsqu'on est arrivé à connaître l'organisme d'une série
de langues, on parvient plus aisément à les parler et à les
posséder, et tout le monde connaît le mot célèbre de
Charles-Quint disant « qu'on est autant de fois homme
qu'on sait de langues ». Véritable supériorité dans un
âge où les rapports de l'industrie et du commerce, centu-
plés par les chemins de fer et le télégraphe électrique,
tendent à rapprocher de plus en plus toutes les nations et
à faire de l'humanité une seule famille !
Depuis longtemps la religion nous a appris que tous les

êtres humains qui peuplent ce globe sont frères. Les sciences naturelles ne sont pas opposées à cette donnée que la grammaire comparée n'a malheureusement pas encore réussi à établir d'une manière scientifique. Au moins, la philologie moderne rappelle-t-elle les races humaines à la conscience d'elles-mêmes, et arrive-t-elle à des résultats qui ressemblent parfois à ceux de l'ancienne comédie, où le héros de la pièce reconnaît souvent en dernier lieu, dans la personne qu'il aimait, haïssait ou méprisait, comme on aime, hait ou méprise une personne étrangère, une fille, une sœur, une parente perdue. De toutes les peuplades que nous trouvons à l'origine des temps, les Sémites seuls paraissent avoir eu une certaine notion du lien qui les unissait; encore cette notion n'eut-elle rien de précis et encore moins de scientifique. Mais les Grecs ne se doutèrent nullement que ces Perses contre lesquels ils soutinrent une lutte si longue et si héroïque avaient habité jadis avec eux le même sol. Et lorsque Alexandre, pour venger d'antiques injures, pousse ses conquêtes jusqu'à l'Inde, ne dirait-on pas que la main invisible de la destinée le conduit à visiter la patrie primitive de son peuple? Mais en réalité, cette patrie primitive ne nous est connue d'une manière certaine que depuis soixante ans. Depuis soixante ans seulement nous savons qu'il y a une race indo-européenne ; que Grecs, Latins, Allemands, Slaves, ont vécu ensemble, avant un temps immémorial, sur la même terre, sous l'empire, nous ne dirons pas des mêmes lois, mais des mêmes usages, des mêmes traditions, et ont parlé la même langue. C'est de cette race que sont sortis une série de penseurs qui, non contents d'avoir découvert l'arbre généalogique de leurs propres ancêtres, ont recherché les origines et retrouvé les rapports qui unissaient entre eux les peuples appartenant à d'autres races, moins éclai-

rés encore sur eux-mêmes et sur leur histoire que ne pouvaient l'être, il y a un siècle, les peuples japhétiques. Ce
sont eux qui nous ont fait connaître la parenté des Lapons,
des Finnois, des Hongrois, et celle de tous les trois avec
les Turcs et les Tatares. Ce sont eux encore qui s'efforcent tous les jours de grouper autour de centres de moins
en moins nombreux la foule des idiomes africains et amé·
ricains. Là ne se borne pourtant pas l'utilité de certaines
études grammaticales et philologiques. Tous les conquérants
avaient passé insensibles devant les monuments de l'antique Egypte, dont ils ne purent ou ne voulurent déchiffrer
les hiéroglyphes. Les races se sont succédé dans la vallée
fertile de la Mésopotamie, animées, dirait-on, de la seule
rage de destruction, et peu soucieuses de connaître les
arts et le génie de leurs prédécesseurs. Alexandre, lorsqu'à
Persépolis il monta les degrés qui le conduisirent au sommet de la pyramide fameuse où étaient déposés les restes
mortels du fondateur du grand empire perse, se fit expliquer par les mages l'inscription célèbre placée sur le fron-
ton du monument. Le sens s'en était perdu dans les siècles
de barbarie qui suivirent. Ce sont des philologues sagaces
et pénétrants qui de nos jours ont pu vérifier ces mots d'une
fierté simple : « Je suis Cyrus, le roi, Achéménide (1). »
Ce sont eux qui ont retrouvé, grâce à leur connaissance
du sanscrit et du zend, la langue entièrement perdue des
anciens Perses dans des inscriptions tracées en caractères
cunéiformes et illisibles jusqu'à présent. Ce sont eux qui
promettent de nous faire connaître l'idiome des anciens
Assyriens comme d'autres nous ont déjà révélé les secrets
mystérieux de l'empire des Pharaons, devenus plus obscurs encore pour les descendants mêmes des anciens ha-

(1) Inscription du roi Cyrus à *Mourghâb* : *Adam Kurus khsâya-
thiya Hakhâmanisiya.*

bitants du pays. C'est ainsi que, grâce aux lumières de la grammaire comparée et de la philologie moderne, les premiers âges de notre race se dégagent de la nuit où ils étaient enveloppés, et que leur histoire, mieux connue, vient ajouter une autorité de plus aux traditions sacrées de la Bible, tantôt en les constatant simplement, tantôt en les rectifiant ou en les complétant. C'est grâce toujours aux mêmes lumières que nous pouvons suivre les migrations des Celtes, des Germains, des Pélasges de l'extrême Orient vers l'Occident. Le vocabulaire plus ou moins complet de ces peuples, les formes grammaticales plus ou moins développées de leurs langues, de certaines expressions qui leur manquent au début de leur marche et qu'ils créent plus tard ou qu'ils empruntent aux races au milieu desquelles ils s'établissent — comme les Osques et les Ombriens ont en commun avec tous les Japhétides les termes de la navigation et de la vie pastorale, mais nullement ceux de l'agriculture — nous font connaître les phases successives de civilisation qu'ils ont traversées, et nous apprennent quelque chose, sinon sur leur histoire, au moins sur leurs mœurs, leurs institutions et leur religion. Ajoutez aux grands résultats produits par les efforts de cette science nouvelle la jouissance qu'elle nous procure en nous faisant assister aux opérations les plus secrètes de l'esprit humain et aux premiers bégaiements de notre race au berceau, en nous faisant vivre ainsi de la vie de nos premiers pères comme nous vivons de la vie de nos contemporains, et en faisant naître en nous une notion juste du grand développement humanitaire, vous aurez une idée du rôle important joué dans les sciences par la grammaire comparée. Ce sera peut-être encore peu de chose aux yeux de tous ceux qui ne prisent les sciences qu'autant qu'elles sont d'un rapport sûr et donnent le bien-être, et qui ont pour maxime celle de Hobbes : *Science is power.* Mais il y a puissance et puissance, et le but le plus élevé de la science, de l'aveu d'Aristote même, n'est-il pas de connaître ?

§ 4. — ORIGINES DU LANGAGE. — MONOSYLLABISME.

Le moment où sous l'œil de Dieu les premiers hommes se communiquèrent pour la première fois leurs pensées par le langage a dû être singulièrement solennel. Il décida de l'avenir de la race. On ne peut pas se figurer l'homme privé de cette noble et royale faculté qui, en développant sa raison, l'élève au-dessus de toutes les autres créatures qui habitent ce globe. Dieu en voulant l'homme le voulut intelligent. C'est pourquoi nous pensons que l'homme parla tout d'abord, nécessairement poussé par un instinct naturel et en s'aidant des organes que la divine Providence avait mis à son usage. Nous n'admettons donc pas que la langue ait été communiquée à l'homme par une révélation nouvelle et particulière : nous pensons que le miracle de sa création comprend aussi celui de la manifestation de sa pensée. Ce n'est pas à nous de chercher ici à éclaircir le mystère qui enveloppe les origines de notre race, et nous doutons que la science parvienne jamais à le pénétrer. Il est certain que l'on pourra difficilement décider un procès dont il sera de toute impossibilité, même dans les âges à venir, de rassembler les titres avec leurs pièces justificatives. Il n'est certes pas défendu à l'homme d'aborder cette question redoutable, et la résoudre ne serait pas, à nos yeux, porter atteinte à la dignité du Créateur. La Divinité n'est pas jalouse des faibles efforts tentés par l'esprit humain, et on dirait qu'elle aime plutôt à en être

cherchée et devinée. Quelque loin que nous reculions l'ho-
rizon de notre savoir, il sera nécessairement borné, et il
n'y a aucun danger que le fini sonde jamais ou mesure les
abîmes de l'infini. Aussi, comme a dit Bacon avec vérité : « Si un peu de science éloigne l'homme de la foi,
une science profonde et mûre l'y ramène. »
Si nous n'avons pas de données sur l'origine de notre race, il faut ajouter que nous ne savons rien de
certain sur les commencements du langage. Assurément
il nous sera impossible de les présenter tels qu'ils étaient ;
mais, grâce à des recherches opiniâtres et à une analyse
persévérante, on est arrivé à découvrir quelques points
fixes que l'on peut considérer comme étant désormais des
faits acquis à la science. Supposer que nos premiers pères
aient conjugué d'inspiration et avec un touchant accord :
tutâmi, tutâsi, tutâti, ou décliné λέων, λέοντος, λέοντι, etc.,
c'est à coup sûr leur faire un très grand honneur, et ce
serait admettre précisément un miracle là où nous ne cher-
chons à trouver que le jeu naturel de nos organes et de
nos facultés. Le langage primitif a dû être à la fois extrêmement simple et extrêmement varié : simple, parce que
la langue ne s'était pas habituée à prononcer ni l'oreille à
entendre ces sons et ces mots sans nombre qui constituent
l'ensemble d'un idiome ; varié, parce que les sensations
et les impressions des premiers hommes étaient extrêmement mobiles, et que les objets qui les causaient n'é-
taient pas nécessairement et toujours désignés de la même
manière. Il est très probable, pour ne pas dire sûr, que
les premiers sons du langage étaient des *monosyllabes*, di-
versifiés par l'accent et soutenus par le geste ; et, dans ces
monosyllabes, nous reconnaissons précisément ces éléments rudimentaires du langage que nos grammairiens
appellent ses racines. Nous avons trois ordres de preuves

pour démontrer le fait important que nous avançons :
1° preuves tirées du raisonnement *a priori*, 2° preuves empruntées à l'induction scientifique, et 3° preuves résultant
de faits existant encore et et qui n'ont jamais cessé d'exister depuis la création.

On a longtemps nié que les premiers hommes se soient
servis dans leur langage de ces racines que nous ne rencontrons plus nulle part à l'état simple dans les idiomes
les plus connus du globe. Et ceux qui placent le synthétisme à l'origine des choses semblent avoir raison lorsqu'ils affirment que ces racines n'avaient pas le caractère
de fixité et d'immobilité que nous leur trouvons aujour-
d'hui dans nos glossaires. Mais il n'en est pas moins vrai
que, si ces premiers sons, résultant chacun d'une seule
émission de la voix, contenaient déjà en germe l'organisme d'un langage compliqué et complet, ici, comme
partout, le simple a dû précéder le composé. On ne com-
prendrait pas que nos premiers pères, peu familiarisés
avec l'usage du discours, eussent employé deux sons ou
deux syllabes à désigner une impression forte et essentiellement une, et il paraît certain que, lorsqu'il s'agissait
pour eux de rendre deux impressions, ils eurent recours
à deux sons différents. La nature fait bien ce qu'elle fait,
et les premiers hommes, étant plus rapprochés de ses primitives inspirations, durent calquer merveilleusement
dans les premiers sons qu'ils rendaient l'image vivante des
objets qui les entouraient et qui exerçaient leurs jeunes
sens. Comme dans la nature, il y avait dans ce langage à
la fois simplicité et abondance, et malgré cette abondance,
nulle superfluité. Il ne faut donc pas croire que nos premiers pères aient beaucoup cherché, hésité, tâtonné, car
chez eux l'impression provoquait l'expression avec la

même rapidité que le choc de deux nuages électriques
produit l'éclat de la foudre.

Si donc notre raison nous conduit, *a priori*. au monosyllabisme comme caractère principal du langage primitif, l'étude approfondie des langues confirme sur tous les
points cet aperçu de la grammaire générale. Les Indous,
qui sont les plus anciens grammairiens du monde, sa-
vaient déjà que leur magnifique et riche idiome s'était
formé par la réunion et la combinaison multiples de rudi-
ments monosyllabiques, et la philologie moderne n'a pu
que vérifier et constater ce fait. Nous savons donc aujourd'hui, de science certaine, que les mots primitifs de
toutes les langues indo-européennes étaient monosyllabiques. Du reste, un seul coup d'œil jeté sur une liste de
racines sanscrites dissiperait jusqu'au moindre doute.

Il est vrai que la constitution des racines hébraïques et
de celles des langues sémitiques en général semble con-
tredire la doctrine que nous défendons. Ces racines,
comme tout le monde le sait, renferment généralement
trois consonnes et sont formées de deux syllabes ; mais il
n'est pas bien difficile de prouver qu'une de ces deux syllabes, quelquefois la première, le plus souvent la seconde, est d'une origine plus récente, et qu'elle ne fait
que spécialiser, que nuancer la signification trop vague
de la syllabe radicale. Nous trouvons dans la grande
grammaire de Gésénius trois séries de faits qui tendent à
établir que les racines sémitiques, comme celles de notre
langue, ont été formées, à l'origine, de monosyllabes.
Nous les reproduisons ici :

1º Un très grand nombre de racines contenant apparemment les trois consonnes exigées par l'esprit systématique des grammairiens n'en comptent évidemment que

deux d'essentielles, puisque quelquefois la troisième n'est que la seconde répétée, et que d'autres fois on n'a obtenu la troisième lettre qu'en ajoutant un *aleph*, un *yod* ou un *vav*, au milieu ou à la fin de la racine, ou en la faisant précéder de la consonne *noun*. Il en est ainsi dans : יָטַב (*yâtab*) et טוֹב (*tôb*), qui signifient *être bon*; נָפַח (*nâphahh*) et פוּחַ (*poûahh*), *souffler*; דָּכָה (*dâhhâh*), דָּכָא (*dâhha*), דּוּךְ (*doûhh*), דָּכַךְ (*dâhhâhh*), heurter, frapper; נָדָה (*nâdâh*), נָדַד (*nâdad*), נוּד (*noûd*), fuir, qui n'ont en réalité que deux consonnes radicales : טב (*tab*), דך (*dahh*), נד (*nad*), auxquelles on en a ajouté une troisième dans l'intérêt d'une uniformité systématique.

2° Il existe parmi les noms primitifs un nombre considérable de véritables monosyllabes, et ce sont eux précisément qui désignent les notions les plus simples et les besoins les plus pressants de la vie : אָב (*âb*), père; אֵם (*êm*), mère; אָח (*âhh*), frère; הַר (*har*), montagne; עִיר (*'îr*), ville; יוֹם (*yôm*), jour; יָד (*yâd*), la main; דָּם (*dâm*), le sang; סוּס (*soûs*), le cheval, etc. Les grammairiens ont imaginé, il est vrai, de faire venir אָב (*âb*), père, d'une racine אָבָא (*âbâ*) ou אָבַב (*âbab*); mais ces étymologies sont absolument illusoires et inventées seulement pour le besoin de la circonstance. Du reste, il y a aussi nombre de bissyllabes réductibles à une forme monosyllabique, si l'on a soin d'en détacher la première, qui n'est autre qu'une espèce d'ἄλφα προσθετικόν. Par exemple : אָדָם (*âdâm*), qui veut dire l'homme et rouge, est évidemment formé de דָּם, le sang. Dans ce mot l'homme a reçu son nom de la couleur de son visage. Comparez ἄνθρωπος, de ἀνθηρός, semblable à une fleur, et ὤψ, visage (1). —

(1) Etymologie ingénieuse fournie par M. *Pott.*

אֶלֶף (*eleph*), le bœuf, probablement d'une racine לָפָּא ,לָף, enrouler, recourber (la racine bissyllabique לָפַד (*laphad*) existe encore en hébreu). — אַרְבַּע (*arba'*), quatre, dont la racine première est רַב, beaucoup, être nombreux..

3° Enfin, il y a des séries de racines qui n'ont en commun que les deux premières consonnes et dont le sens est presque le même, quoiqu'elles diffèrent par la troisième. C'est ainsi que les verbes לעע (*la'a'*), לעב (*la'ab*), לעט (*la'at*), לעם (*la'am*), לעף (*la'aph*), לעץ (*la'ats*), לעק (*la'ak*), ont dans les différents dialectes la signification de lécher et d'avaler; — גבע (*gaba'*), גבן (*gaban*), גבח (*gabahh*), גבב (*gabab*), celle de rehausser et de voûter; — דחק (*dahhak*), דחף (*dahhaph*), דחח (*dahhahh*), דחה (*dahhah*), celle de pousser et de serrer de près; — פצץ (*phatsats*), פצע (*phatsa'*), פצם (*phatsam*), פצח (*phatsahh*), פצה (*phatsah*), celle de briser et de fendre, etc. Nul doute que ces observations ne soient applicables à tous les mots primitifs des langues sémitiques. On a découvert d'autres séries de verbes que celles citées par Gésénius, et on s'est essayé depuis à la tâche difficile de réduire le glossaire des bissyllabes à une liste de racines monosyllabiques; seulement ces tentatives n'ont pas encore été couronnées d'un plein succès : car, dans de certains cas, c'est presque échouer que de trop réussir.

On a cru pareillement pendant longtemps que le malais, le tagal, le tongue et l'idiome de la Nouvelle-Zélande, avaient pour racines surtout des bissyllabes. M. Guillaume de Humboldt a (1) démontré par l'analyse d'une foule d'exemples qu'ici encore les bissyllabes pouvaient être ramenés à des racines monosyllabiques. Ce même

_____

(1) *Introduction à l'étude de la langue kavi*, pages 398 et suivantes.

monosyllabisme primitif se distingue également dans le
copte et dans une foule d'autres idiomes africains. Il ne
peut donc plus s'élever de doutes que sur les origines des
langues américaines, appelées langues polysynthétiques,
à cause du système d'enchevêtrement, dit d'*incapsulation*,
qui y prédomine. On sait que ces langues absorbent la phrase, c'est-à-dire le sujet, le verbe et tous les régimes, dans un
seul mot. Il n'en est pas moins probable qu'elles eurent
à une époque primordiale un caractère monosyllabique.
Ce qui paraît le prouver, c'est qu'au milieu de quatre cents
idiomes dont le système grammatical, — mais non pas
le vocabulaire, — est identique, et tel que nous l'avons
indiqué plus haut, se trouvent, à peu près sans transition, des dialectes isolés dont la construction rappelle la
la simplicité du chinois. Nous citerons le *guarani*, le *po-
conchi* et surtout l'*othomi* (1). Ce qui paraît le prouver encore, c'est que G. de Humboldt, dans son excellent traité
sur la langue basque, dont la structure grammaticale
se rapproche, comme l'on sait, extraordinairement de
celle des langues américaines, a prouvé par une foule
d'exemples que la plupart des mots les plus longs pouvaient se décomposer et se réduire à des éléments primitifs très simples (2). Ainsi, dans l'Amérique, comme
dans l'Inde et dans l'Arabie, les premiers débuts du langage humain ont dû se ressembler. Mais ce qui donne aux
résultats de ces recherches scientifiques le caractère de l'é-
vidence, c'est que nous voyons subsister encore une série
de langues qui, semblables à des fossiles, ont conservé à
travers les changements du temps l'empreinte du travail
primordial de la pensée humaine. Nous avons déjà cité

(1) *Mithrid.*, III, p. 430 ; III b, p. 4 et suiv.
(2) *Mithrid.*, IV, p. 308, 313, 314.

quelques dialectes américains, mais c'est le chinois qui nous offre le modèle le plus frappant et pour ainsi dire le plus parfait du monosyllabisme.

On comprend bien qu'il y a 6000 ans les parties du discours, les distinctions de genre, de nombre, de mode, etc., n'aient pas existé; mais ce qui peut paraître le plus étonnant, c'est que, *encore aujourd'hui*, rien de semblable n'existe dans la langue chinoise. Pour y indiquer le pluriel, par exemple, on répète le mot ou bien on y ajoute des termes comme *beaucoup* ou *autre*. Ainsi on dira *arbre arbre* pour dire des arbres, *moi autre* ou *moi beaucoup* pour dire nous, etc. Le commencement de l'oraison dominicale : Notre père qui es au ciel, prend en chinois la forme que voici : *Etre ciel moi autre* (notre) *père qui* (1). Est-ce qu'en Europe un enfant âgé de trois ans parlerait bien différemment? Le même monosyllabe sert à exprimer une foule d'idées indiquées uniquement par le changement de l'accent. Ainsi *tschoun* signifie : maître, cochon, cuisine, colonne, libéral, préparer, vieille femme, briser, propice, peu, humecter, esclave, prisonnier (2).

On trouve des faits analogues dans les langues des Mantschous, des habitants de Taïti et des îles de la Société. L'état de toutes ces langues est rudimentaire sous le double rapport du son et de la pensée. C'est ainsi que le Mantschou ne peut pas prononcer deux consonnes de suite et d'une seule émission de la voix, mais les sépare par une voyelle. La même chose arrive au Chinois, dont tous les mots commencent par une consonne simple et se terminent par une voyelle ou par une nasale. Le Chinois ne peut pas prononcer le *r*, il le remplace ordinairement par

(1) *Mithrid.*, I, p. 18.
(2) *Mithrid.*, I, p. 42.

un *l*, et c'est conformément à tous ces principes à la fois que, voulant prononcer à sa façon le mot de *Christus*, il dira, en articulant chaque syllabe comme un mot séparé : *Ki li su tu su.*

§ 5. — QUELQUES AUTRES CARACTÈRES DES LANGUES PRIMITIVES.

A côté de cette pauvreté de sons nous trouvons dans les langues primitives quelquefois une richesse de formes et d'expressions qui ne semble accuser qu'une impuissance bien grande de la pensée. Dans ces mêmes îles de la Société on se sert d'un autre terme pour la queue d'un chien, d'un autre pour celle d'un oiseau, et d'un autre encore pour celle d'un poisson. L'idée « queue » prise en général ne s'est pas encore dégagée dans l'esprit de ce peuple de la représentation des objets auxquels elle appartient. De même les Mohicans ne possèdent pas de verbe qui signifie *couper;* mais ils en ont, et de fort différents par leur forme extérieure, pour dire : *couper du bois, couper des habits, couper la tête, le bras,* etc. (1). Nous rencontrons une variété d'un autre ordre dans les langues celtiques et indo-européennes à leur origine. Dans les premières il y a un très grand nombre de verbes qui signifient : *germer, verdir, fleurir, se développer ;* dans les autres, dans le sanscrit, par exemple, le nombre de ceux qui indiquent le mouvement dans l'espace (*aller*) et le mouvement dans la pensée (*dire, parler*) est extrêmement considérable. La langue, dans le progrès des siècles, a abandonné la plupart de ces formes. Les distinguait-elle toutes au commencement par des nuances d'idées? Peut-

(1) *Mithrid.,* III b, p. 325.

être que non; mais, dans celles qu'elle conserva, il est impossible de ne pas reconnaître qu'elles ont dû leur conservation à une légère modification du sens. Ainsi ἕρπω, en grec, veut dire simplement *aller*, et cependant, dans τὰ ἕρποντα (*serpere, serpens*), c'est la signification *ramper* qui a pris le dessus. Στείχω se rattache évidemment à une racine qui, dans la famille indo-européenne, signifie *marcher, s'avancer*; mais, dans l'allemand *steigen*, elle a pris la valeur plus spéciale de *monter*. Toute abondance de formes qui ne sert pas l'idée est retranchée à la longue comme superflue par le génie de la langue. Ainsi le nombre des racines va toujours en diminuant : il est de 2,000 en sanscrit, il n'atteint plus que le chiffre de 600 en gothique, 250 suffisent à la langue allemande moderne pour former ses 80,000 mots. On le voit, les langues primitives reposent sur une base extrêmement large; mais il n'y a que des soubassements, l'édifice n'existe pas encore. Plus tard la base se rétrécit, et, à l'aide de ce système de *génération*, qui s'appelle en grammaire *composition* et *dérivation*, la pyramide s'élève rapidement jusqu'aux cieux, ce qui revient à dire en d'autres termes que pour les premiers hommes tous les mots avaient une égale valeur et se trouvaient pour ainsi dire sur le même plan. Il s'agissait de se faire comprendre d'une manière quelconque; mais on ne distinguait pas le substantif du verbe, l'adjectif du pronom; on ne songeait qu'à peindre une image qui avait saisi l'esprit, une notion vague ou une impression forte. Ceci nous explique pourquoi les langues primitives, avec des matériaux immenses, ne sont souvent arrivées qu'à des productions philosophiques, et mêmes littéraires, médiocres, et pourquoi des langues plus mûres et déjà appauvries ont fourni quelquefois des résultats étonnants. C'est que dans les premières les mots n'avaient pas encore été suffisamment rangés, classés, subordonnés les uns aux autres, par cette faculté inhérente à l'esprit humain, la *généralisation*, faculté à laquelle il faut rapporter le développement de toute langue un peu complète.

§ 6. — DÉVELOPPEMENT DES LANGUES NORMALES.

I. Langues indo-européennes.

Pour généraliser les idées, la langue doit naturellement les comparer, les peser mutuellement, et, en premier lieu, les juxtaposer. La *juxtaposition* est le procédé à l'aide duquel tout le système d'une langue se développe, comme le vaste enchaînement des sciences mathématique part du principe de l'identité et de la non-identité, de l'égalité et de l'inégalité. Elle est accompagnée de l'*attraction*, qui réunit extérieurement, à l'aide de l'*enclise* (1), les mots qui, par leur sens, se rapprochent les uns des autres. De la juxtaposition il n'y a qu'un pas à la *composition*. Par exemple : *jusjurandum, respublica, prœire*. Son signe extérieur est un *accent unique*, qui confond les deux mots en un seul. Toutefois, elle ne saurait être complète que lorsque les éléments qui constituent le nouveau mot se sont modifiés dans la fusion. Par exemple : *parricida, armiger, imberbis*, etc. Un *dérivé* n'est qu'un composé dont la dernière partie est devenue terminaison, c'est-à-dire a

(1) Phénomène qui joue un rôle considérable dans l'accentuation grecque, à laquelle nous renvoyons pour de plus amples détails.

Toutefois, il y a aussi des enclitiques en sanscrit, en latin, dans l'ancien allemand, etc.

pris un sens tellement abstrait qu'elle ne semble plus rien
signifier par elle-même et qu'elle sert désormais à former
des séries de mots. Par exemple : γεροντικός (γέρων, εἴκω),
οἰνηρός (οἶνος et αρι, ερι, être le premier), *agrestis* (*ager* et
stare?), *amasco* (*ama-re* et *esco, ero*), *candelabrum* (*candela*,
et la racine *bhri*, φέρω), etc., etc. Enfin, on ne considère plus
comme dérivés, mais bien comme mots simples, des substantifs et des verbes, qui, outre leur *thème*, ne contiennent plus que les désinences indiquant le cas, la personne,
le nombre, le temps, le mode, etc., etc. Et pourtant ces
désinences étaient un jour, à coup sûr, des mots indépendants. La philologie moderne a reconnu que conjuguer
n'était autre chose que réunir les pronoms personnels à la
racine, et que primitivement on avait dû dire : *donner
moi, donner toi, donner nous,* etc. Des formes comme δίδω-
μι, δίδω-ς, δίδω-τι, sont d'une origine relativement plus
récente. Les temps et les modes étaient le résultat de l'adjonction des verbes auxiliaires *î*, aller ; θε (θην), mettre ;
bhu, as, être. Le passif se forma dans plusieurs langues
par l'agglutination du pronom réfléchi *r, se* (*laudo-r, laudo-
se*). La déclinaison n'était que la fusion du thème du nom
avec des pronoms et des prépositions. L's du nominatif est
le reste du pronom démonstratif *sa* (en scr.) ; l'*i* du datif,
probablement la mutilation de la préposition ιν, εν, etc.
Nous sommes bien loin de connaître avec certitude l'origine
de toutes les désinences qui indiquent la flexion ; mais les
langues analytiques peuvent nous guider dans nos recherches. *Of the father* (angl.) signifie proprement *éloigné du
père* : car *of* et *off* (loin de) sont identiques. *To the father,*
tendance le père : car *to* est identique à *zu* (allem.), qui
vient du verbe allemand *ziehen*, tirer, tendre. Toutes les racines sont d'origine verbale ou pronominale, quand elles
ne sont pas l'un et l'autre à la fois ; et les formes souvent

si écourtées des particules, prépositions et adverbes, qui
en descendent, s'expliquent par l'effort qu'a fait la langue
de les adapter au sens plus général qu'elle vient de leur
donner, à la place moins large qu'elles tiennent dans la
phrase. Ainsi, νυ, νυν, viennent de νῦν, maintenant, et celui-ci probablement de νέον, nouveau (racine νε, venir);
μέν et δέ, de μόνον et δύο, premièrement, deuxièmement;
en allemand, *ich auch*, moi aussi, serait littéralement
moi augmentation : car la racine *auch*, *aug*, signifie
augmenter.

Le travail de généralisation que poursuit la langue ne
s'arrête pas là. Nous le retrouvons dans la phrase même,
où les exemples les plus frappants nous sont offerts par
l'accusatif avec l'infinitif, et l'ablatif absolu en latin. En
grec, tous les cas, comme on sait, peuvent se construire
d'une manière absolue. Les nombreux genres d'attraction
que présente la syntaxe de cette dernière langue nous fournissent de nouvelles preuves de cette théorie. Mais, en y
regardant de près, on se convainc que la même règle
éclate partout et constamment, dans la phrase la plus
simple comme dans la période : car les mots : *caju-s*, *es-t*,
stultu-s, ne signifient proprement que *caju-lui*, *être-lui*,
sot-lui. La désinence, dans tous les cas, est comme le dé-
nominateur ; elle réunit sous elle les éléments qui, ad-
ditionnés les uns aux autres, constituent ce que nous ap-
pelons une phrase.

C'est ainsi que le langage humain, composé au début
de sons rudes, informes, sans rapport mutuel, est arrivé,
dans les langues indo-européennes, à ce merveilleux enchaînement de formes, à cette organisation vivante, qui
calque la marche rapide de la pensée de ces races si jeunes,
et nous offre un système d'images et d'idées qui répond
au système social dans les états primitifs également for-

més par l'instinct. Ce qui domine assurément dans les langues dont nous venons de parler, c'est le besoin d'exprimer chaque nouvelle nuance de la pensée par une forme adéquate. Aussi peut-on reconnaître dans des mots soidisant simples deux ou trois racines et quelquefois davantage. Toutefois, on ne saurait nier que la langue, pour exprimer de certaines modifications de la pensée, n'ait parfois recours à une méthode que j'appellerai *symbolique* ou *virtuelle*, comme lorsque le genre féminin est habituellement indiqué par un *i* ou un *a* longs, ou la dérivation interne par l'allongement et la modification de la voyelle radicale (1).

L'allongement se rencontre fréquemment en sanscrit. Il consiste dans l'insertion d'un *a* bref, *guna*, ou d'un *a* long, *wriddhi*. Par exemple : *Kunti*, nom propre ; *Kaunteja*, descendant de *Kunti*. Il joue un rôle très marqué dans la conjugaison ; par exemple : racine *bhuj'* (fléchir), parfait, *bubbôj'a* = *bubh* + *a* + *uj'a* ; racine *bhid* (fendre), parfait *bibhêda* = *bibh* + *a* + *ida*. Mais elle ne peut avoir lieu que lorsque les désinences sont faibles (2) ; dès qu'elles sont fortes, le *guna* disparaît de nouveau, par exemple, dans la première personne pluriel : *bubhuj'ima, bibhidima*. Dans le seul cas où le redoublement est supprimé, il se produit dans la conjugaison sanscrite un phénomène analogue à celui de la déflexion allemande (*Ablaut*). Ainsi, de *tan* (étendre) vient le parfait *tatana* (grec τέτονα), seconde personne *tatantha* ou *tênitha* pour *tatanitha* ; de même *tênima* pour *tatanima*, *tênus* pour *tatanus*. Mais ce fait est tellement isolé qu'il est prudent d'attribuer au *guna* d'abord plutôt une

(1) Benloew, *Accentuation des langues indo-européennes*, p. 2.
(2) Voyez Henri Weil et Louis Benloew, *Théorie générale de l'accentuation latine*, p. 365, 366 et suiv.

valeur phonétique, quoique dans *bhôdhami* (je sais),
abhavat (il était), il semble exprimer la durée, notion que
ne renferment pas les formes plus légères : *abhhudham*
(je sus), *abhut*(il fut). Nous prouverons ailleurs que le sens
intime du *guna* est celui de l'affirmation, et qu'il sert à
appeler l'attention sur la syllabe qu'il renforce.

La modification de la voyelle radicale a déjà une portée tout autre dans les langues classiques proprement dites. Elle s'y étend à un grand nombre de formes grammaticales ; nous citons seulement : τροχός de τρέχω,
πόσις de πίνω, πομπή de πέμπω, ὁλκός de ἕλκω ; lat. *pul-
sus* de *pello*, *fors* de *fero*, *toga* de *tego*, *mons* de *mi-
neo*. Dans ces mots évidemment il ne saurait être question de l'insertion de telle ou telle voyelle déterminée ;
l'essence même, la qualité, et, pour ainsi dire, la couleur de la voyelle radicale, est changée complétement. Ce
changement n'a lieu, bien entendu , que dans les verbes
primitifs ; c'est là qu'il acquiert des proportions considérables , surtout dans les langues teutoniques. La conjugaison des verbes forts et le système de la dérivation en
grande partie sont dominés en allemand par la *déflexion* (1) : *Ich binde* (je lie) ; *ich band* (je liais) ; *gebunden* (lié) ; substant. *die binde* (fr. la bande); *der band*
(le volume); *der bund* (l'alliance) ; — *ich helfe* (j'aide);
ich half (j'aidais); *geholfen* (aidé) ; subst. *hülfe* (le secours), etc. La puissance de ce principe a donc augmenté
considérablement du sanscrit au grec et au latin, et du grec
et du latin à l'allemand ; et, en y regardant de près, on se
convainc qu'elle a gagné tout le terrain que la flexion a

(1) C'est ainsi que nous appellerons désormais, d'après le précédent
des Grimm, dans un intérêt de concision, la modification de la
voyelle radicale : car *déflexion* est la traduction littérale de l'allemand
Ablaut.

perdu. En effet, à mesure que les désinences s'affaiblissent et se perdent, le génie de la langue, dans une vue réparatrice, en remplaçant l'expansion des formes par une intention virtuelle, donne asile à la flexion dans le cœur même du mot. Dans la déclinaison, la langue s'est servie pareillement d'un procédé qui à l'origine n'avait qu'un caractère phonétique pour remplacer les désinences de la flexion : nous voulons parler de l'adoucissement. Ainsi le pluriel de *vater*, père, se disait autrefois *vätere*, et l'*e* de la terminaison seul indiquait le nombre; et c'est cet *e*, ancien *i*, qui était venu troubler le son pur de l'*a* de la première syllabe. Aujourd'hui que l'*e* de la désinence est tombé, l'adoucissement seul indique le pluriel.

Mais, quelque considérable que soit la place qu'occupe dans les langues indo-européennes le principe que nous venons de décrire, il ne semble pas leur être inhérent ni découler nécessairement de leur nature. Il y a pris une naissance tardive, et il semble s'être développé parallèlement aux habitudes de réflexion instinctive et d'analyse énergique qui caractérisent les races qui mûrissent et qui ont toujours distingué particulièrement les races germaniques. Dans l'organisation des langues japhétiques, la modification de la voyelle radicale ne tient donc que le second rang ; le premier est occupé par le principe de la composition, amenée elle-même par la puissance attractive qui entraînait les racines-molécules du langage les unes vers les autres pour les combiner et pour les unir.

II. Langues sémitiques.

C'est juste l'inverse de ce que nous venons de voir qui se passe dans les langues sémitiques. Le principe de la composition s'y fait très faiblement sentir ; le principe de la *déflexion* est celui de leur vie même et de leur développement. Nous avons déjà vu que ces langues, comme toutes les autres, ont dû débuter par le monosyllabisme; mais, au lieu de contracter l'habitude de réunir plusieurs de ces atomes monosyllabiques, pour créer avec leur aide des mots organisés, les anciens Sémites ne sortirent pas des bornes des racines primitives. Celles-ci, en se diversifiant et en se nuançant, s'adjoignirent la troisième consonne dont il a été question plus haut, et eurent ainsi une espèce de croissance organique et naturelle, indépendante de tout élément étranger. Ces troisièmes consonnes qui servirent à spécialiser le sens trop vague des racines n'eurent certes pas une signification nette et précise. On ne peut cependant pas affirmer que leur adjonction ait été l'œuvre du caprice; nous y rencontrons les premières traces de cette tendance du génie sémitique à exprimer par des modifications insensibles, et d'une manière tout à fait inadéquate, des modifications profondes de la pensée. Comparons les racines :

פָּרָא (*pâra*), porter, être porté, inciter, pousser, hâter.

פָּרָה (*pârah*), porter, engendrer.

פָּרַד (*pârad*), étendre, répandre, fuir, séparer.

פָּרַז (*pârads*), séparer, décider.

פָּרַח (*pârahh*), s'élancer, bourgeonner, fleurir.

פָּרַט (*pârat*), semer, dissiper, répandre.

פָּרַך (*pârahh*), briser, comprimer, séparer.

פָּרַם (*pâram*), déchirer.

פָּרַס (*pâras*), briser, séparer, fendre.

פָּרַע (*pâra'*), affranchir, lâcher, découvrir.

פָּרַץ (*pârats*), abattre, arracher, envahir.

פָּרַק (*pârak*), démolir, abattre, déchirer, affranchir.

פָּרַר (*pârar*), briser, rendre vain, infructueux; anéantir.

פָּרַשׂ (*pâras*), briser, morceler, étendre, dissiper.

· פָּרַשׁ (*pârach*), séparer, discerner, déclarer, définir (piquer, blesser), etc., etc.

La forme commune à toutes ces racines bissyllabiques est le thème primordial פַּר (*par*), qui signifie : se mouvoir avec violence. Cette signification, nous la retrouverons dans toutes; mais nul ne pourra dire pourquoi פַּר (*par*) augmenté de ח (*hh*) veut dire bourgeonner, fleurir; de שׁ (*sh*), définir, indiquer, déclarer; de ע (*ajin*), affranchir, lâcher, et ainsi de suite. Nous rappelons au surplus qu'un fait semblable se produit dans les langues indo-européennes, au chapitre de la dérivation, où des verbes tels que *lovo, luo, pluo, fleo,* πλέω, etc., peuvent être considérés comme des variations d'une seule racine primitive.

La racine hébraïque, s'étant ainsi complétée et présentant désormais deux syllabes, exprime en même temps la troisième personne singulière prétérit du genre de verbes le plus simple, *kal*. Adoptons le verbe *kâtal* (tuer) pour paradigme en usage, et passons en revue les autres genres dont s'est servi le peuple hébreu. Il y en a huit en tout, en y comprenant le *kal*, qui répond à notre actif (*kâtal*, il a tué); ce sont :

Le *niphal*, passif (*niktal*, il a été tué);
Le *piël*, itératif (*kittel*, il a tué fréquemment);
Le *poual*, passif du *piël* (*kouttal*);
Le *hiphil*, factitif (*hiktil*, il a fait tuer);
Le *hophal*, passif du *hiphil* (*hoktal*);
Le *hithpaël*, réfléchi (*hithkatel*, il s'est tué);
Et le *hothpaal*, passif du *hithpaël* (*hothkatal*).

On pourrait y joindre les formes plus rares du *poël*, du

hithpoël, du *pilel*, du *hithpalel* et du *pealpal*. Le nombre
de ces genres de verbes est surtout considérable dans l'a-
rabe classique. En étudiant leur formation, on reste convaincu de l'extrême importance attachée par le génie sémitique à la voyelle et à ses modifications diverses. C'est
dans ces dernières surtout qu'éclate avec une rare énergie
ce vaste symbolisme qui constitue le système des grammaires sémitiques. Il faut absolument renoncer ici à l'analyse, et se contenter de dire, par exemple, que la voyelle
mince et retentissante *i* marque un redoublement d'activité (*piël, hiphil, hithpaël*), que les voyelles sombres *o* et
u marquent une action endurée ou soufferte (*poual, hophal, hothpaal*), et que l'*a* du *kal* semble marquer l'activité
pure et simple, sans aucune nuance de la pensée. La langue a eu sans doute recours aussi à des consonnes formatives, comme au *noun* dans *niphal*, au *hé* dans *hiphil* et *hophal*, à la syllabe *hith* dans *hithpaël*; mais qui nous don-
nera l'explication de ces consonnes? Osera-t-on dire que
a et *hith* ont une certaine parenté avec l'article et un pronom démonstratif quelconque; que le *noun* se rattache à
une racine qui veut dire reposer? Il n'est pourtant pas
sans vraisemblance que le *mem* qui précède un grand
nombre de participes, par exemple, *m'kattel, m'kouttal*,
etc., soit un abrégé du pronom interrogatif et indéfini
מִי (*mi*), fr. qui; mais aussi un très grand nombre de
participes se forment seulement par une certaine modification des voyelles du prétérit. Ainsi *kâtal* (il a tué),
participe actif : *kôtel*; participe passif : *katoul*; *niktal* (il a
été tué), participe : *niktâl*. On peut dire la même chose
des infinitifs et des impératifs. Ainsi de *kâtal*, infinitif :
kâtôl (tuer); impératif : *k'tôl* (tue); de *kittel* (itératif), infinitif et impératif : *kattel* (tuer ou tue fréquemment).
Mais d'autres fois ces deux modes, pour se former, ont re-

cours à un *hé* placé devant la racine. Le *hé* est remplacé quelquefois par le *tav*(*t*), en arabe (seconde conjugaison), forme importante parce qu'elle a donné naissance à une foule de substantifs qui en dérivent. Cette forme, si elle existait en hébreu, serait *taktoul* ou *taktil*. C'est autour de ces participes et de ces infinitifs que se groupe l'immense majorité des substantifs et des adjectifs de la langue hébraïque, où, pour vrai dire, ils ne sont que ces participes et ces infinitifs eux-mêmes, ou des formes plus rares et légèrement modifiées de ces participes et de ces infinitifs (1). A coup sûr, la déflexion, quelque importance qu'elle ait eue dans la formation des idiomes germaniques, n'a pas pénétré au même point toutes les parties de leurs grammaires ; et d'ailleurs elle n'y atteint jamais qu'une seule syllabe, celle de la racine, tandis qu'elle transforme constamment deux syllabes dans les langues sémitiques, puisque ce sont toujours deux syllabes qui constituent les racines de ces langues. Nous pouvons ajouter que depuis une série de siècles la force de ce principe a diminué, et que son influence n'est plus guère sentie dans les idiomes teutoniques : car, le nombre des verbes faibles, c'est-à-dire étrangers à la déflexion, augmentant tous les jours, beaucoup de verbes anciennement forts commencent à se conjuguer comme verbes faibles, en sorte que le système de ces idiomes est ramené insensiblement vers son premier principe, celui de la composition.

Il y a sans doute en hébreu une série de substantifs formés à l'aide de désinences ; mais , si l'on excepte celles qui désignent le féminin, et que l'on rencontre dans presque toutes les langues anciennes et modernes , le nombre de ces désinences est extrêmement limité et leur étymo-

(1) Voyez Gésénius, *Grande grammaire hébraïque*, p. 481 à 521.

logie est peu aisée à trouver. Ce sont surtout *ôn* ou *ân*, *oût*, *î*, *ê*, *eh*, *âm*, et quelques autres que l'on rencontre très rarement.

On sait que la déclinaison sémitique ne se forme pas à l'aide de désinences, comme la déclinaison des langues indo-européennes. Le pluriel et le duel y sont désignés par les suffixes *im* et *aïm* pour le masculin, et *ôth* pour le féminin. Leur étymologie n'est nullement claire; on peut supposer si l'on veut que *im* se rattache à une racine *am* ou *amam* (être nombreux), à *im* (avec) ou *a'm* (peuple), ou encore à *jam* (la mer). Toujours est-il que la formation du duel *aïm* n'admet pas d'explication directe et précise, car il ne paraît être qu'un pluriel nuancé et renforcé.

La flexion du verbe se fait naturellement à l'aide de pronoms dont les formes mutilées et extrêmement variées précèdent ou suivent le radical. Lorsqu'elles le suivent, elles constituent le prétérit; lorsqu'elles le précèdent ou plutôt lorsqu'elles précèdent l'infinitif, elles constituent le futur :

Prétérit.			Futur.
kâtal,	sing., 3ᵉ pers. m.		*ji-k'tôl ;*
kât'l-âh,	» — f.		*ti-k'tôl ;*
kâtal'-tâ,	2ᵉ — m.		*ti-k'tôl ;*
kâtal'-t',	» — f.		*ti-k't'l-i ;*
kâtal'-ti,	1ʳᵉ — m. f.		*e-k'tôl ;*
kât'l-oû,	plur., 3ᵉ — m.		*ji-k't'l-oû ;*
kât'l-oû,	» — f.		*ti-k'tôl'nâh ;*
k'tal'tem,	2ᵉ — m.		*ti-k't'l-oû ;*
k'tal'-ten,	» — f.		*ti-k'tôl-nâh ;*
kâtal'-noû,	1ʳᵉ — m. f.		*ni-k'tôl.*

Que l'on compare les suffixes et les préfixes des exem-

3

ples que nous venons de citer au tableau suivant des
pronoms personnels :

Sing., 3ᵉ pers.   *hou,* lui ;
       » —   *hi,* elle ;
       2ᵉ —   *attah, attâ,* toi homme ;
       » —   *att', at'j,* toi femme ;
       1ʳᵉ —   *ani, ânôhhi,* moi ;
Plur., 3ᵉ —   *hêm, hêmâh,* eux, les hommes ;
       » —   *hên, hênnâh,* elles, les femmes ;
       2ᵉ —   *attem,* vous, les hommes ;
       » —   *attên, attênâh,* vous, les femmes ;
       1ʳᵉ —   *anoû, anahh'noû, nahhnû,* nous.

1° Prétérit. — Il est évident qu'entre les pronoms suffixes du prétérit et les pronoms personnels indépendants il n'y a pas identité absolue. Le suffixe de la troisième personne du singulier féminin, *âh,* ne paraît être autre chose que la désinence de substantifs féminins. Cela est d'autant plus sûr que la troisième personne du masculin, absolument comme un substantif du même genre, n'a pas de désinence. Le suffixe de la troisième du pluriel *oû* et *oûn,* si différent de *hêm, hennâh* (eux, elles), semble n'être autre chose qu'une ancienne désinence plurielle des substantifs, conservée encore dans l'*-ûnâ* de la langue arabe ; peut-être aussi est-ce une forme affaiblie du suffixe de la première personne du pluriel *noû,* abrégé lui-même du pronom *anoû.* Ce pronom, désignant un certain nombre de personnes parmi lesquelles l'interlocuteur se comprend lui-même, pouvait s'appliquer à la troisième personne du pluriel, du moment qu'on oubliait de marquer cette dernière circonstance (1). L'étymologie des suffixes de la

(1) En effet, supposons que dans une circonstance quelconque je fasse partie d'une réunion de dix, vingt, trente personnes : je dirai *nous*

seconde personne du singulier et du pluriel ne fait pas de difficulté, puisqu'ils se rattachent évidemment aux pronoms
attah, att' (toi), *attem, attên* (vous). Au surplus, il était
naturel de désigner la seconde personne avec plus de précision et de netteté; mais on n'a pas pu indiquer jusqu'à
présent avec certitude l'origine du suffixe *ti* de la première personne, où l'on s'attendrait à voir *ni* ou *i* tout
seul pour *ani, ânôhhi* (moi). Gésénius suppose l'existence
d'un ancien pronom *at'i* qui aurait indiqué la première
personne, comme *attah* la seconde; la différence du *moi* et
du *toi* aurait donc été marquée par une simple différence
de voyelle, supposition qui, à coup sûr, ne serait pas
contraire au génie des langues sémitiques. Nous ne pouvons cependant pas nous empêcher de citer un fait analogue emprunté à la langue copte, dont les pronoms, on
le sait, ont tant de rapport avec les pronoms sémitiques.
Dans cette langue, le pronom personnel indépendant se
dit *anok* (moi, hébr. *ânôhhi*), mais le suffixe de la
première personne est désigné tantôt par un *i*, tantôt par
un *t*, et dans *katalti* les deux lettres se trouvent réunies.

2° *Futur.* — Si au prétérit ce sont les suffixes qui constituent la flexion, au futur ce rôle est joué plus particulièrement par les préfixes, quoique les suffixes n'en
soient pas exclus. Ces préfixes ne sont autre chose que
les mêmes pronoms personnels, mais placés devant l'infinitif. Ils donnent à ce dernier le sens du futur, ce qui
n'a rien d'étonnant pour ceux qui savent que le pronom
personnel tout seul joint à un adjectif, par exemple, remplace le verbe substantif *être* (*ani-adam*, moi homme,

lorsque je me considérerai comme faisant partie de cette réunion je
dirai *eux* lorsque je m'en serai retiré. Apollonius a déjà remarqué,
comme me le rappelle fort à propos M. Egger, que le pluriel de la première personne comprend aussi la seconde et la troisième.

c'est-à-dire je suis un homme). Or, dans un très grand
nombre de langues, et notamment dans les idiomes japhétiques, le futur est composé de la racine suivie du
verbe *être*, et, dans les langues néolatines, de l'infinitif
suivi du verbe *avoir* (*je louer-ai*). Le préfixe *ji* de la troisième personne, singulier masculin, est considéré comme
remplaçant le *vav*, qui lui-même ne serait que le reste
du pronom personnel *hou* (lui). On sait que les anciens
Hébreux évitaient de mettre un *vav* au commencement
des mots, de peur qu'on ne le confondît avec la conjonction *va* (fr. *et*). Peut-être aussi ce *yod* est-il le reste de la
forme verbale indéclinable *jesch* (il existe). Mais il ne
faut pas nous dissimuler qu'en ayant recours au verbe
être, on peut aussi considérer le *yod* comme une mutilation de *hajah*, qui a cette signification en hébreu (1). L'explication de la troisième personne du singulier et du pluriel
féminin présente également de grandes difficultés. A moins
d'admettre que le préfixe *ti* ait été transféré par erreur
de la seconde personne à la troisième, il faudra y voir
la désinence *ti* des substantifs féminins. Quant au suffixe
nâh dans le pluriel *tik'tôl'-nâh*, il rappelle le pronom personnel *hênnâh* (elles). — Dans les préfixes de la seconde
personne, singulier et pluriel, on reconnaît aisément le
tav de *attah'*, *att'* (toi), *attem* et *attên* (vous). Le suffixe,
dans *tîk't'l-î* (toi *femme* tueras), s'explique par la circonstance que *î* désigne fréquemment le féminin en syriaque;

(1) Ce qui nous fait croire que ce *ji* est le reste du verbe substantif
être (*jesch* ou *hajah*), et non pas le reste du pronom personnel *hou*
(lui), c'est la circonstance que ce *ji* se retrouve à la troisième personne du pluriel *ji-k't'loû*. Nous repoussons donc l'idée de voir aussi
bien dans le *ji* qui précède que dans l'*oû* qui suit des restes du pronom personnel de la troisième personne du singulier, et nous expli-
quons *jik't'loû* par : il y a tuer eux.

dans *tik' t'l-oû* (vous *hommes* tuerez), le suffixe *oû* marque simplement pluralité, comme dans *jik't'loû*. Dans *tik'tôl'-nâh*, le suffixe *nâh* rappelle des formes comme le pronom personnel *hên* (elles) et l'araméen *ân* — hébr. *ôt* (pluriel du fém.). L'*a* qui succède au *noun* serait, d'après Gésénius, une syllabe *paragogique*, sans signification particulière, comme dans *attênâh*, *hênnâh*. L'*aleph* (*e*) de la première personne du singulier est abrégé de *ani*, comme le *noû* de la première personne du pluriel est abrégé de *anoû*. Dans la première, c'est le *noun*; dans la seconde, c'est l'*aleph*, qui ont été sacrifiés pour établir une distinction plus marquée entre les deux formes.

Les pronoms personnels indépendants pouvaient être abrégés et mutilés aussi lorsqu'ils se joignaient aux noms en qualité de pronoms possessifs; par exemple : *sous* (le cheval), *sous-i* (mon cheval, comparez *ani*), *sous-ô* (son cheval, comp. *hoû*), *sous ênoû* (notre cheval, comp. *noû*); ou bien aux verbes en qualité de régime à l'accusatif, par exemple : *k'tal'-tâ-ni* (tu as tué moi); ou, en dernier lieu, lorsqu'on les réunissait comme suffixes à certains adverbes, conjonctions et interjections, par,exemple : *kamô-ni* (comme moi), *hinn-i* (me voici), etc. Dans tous ces cas, le pronom abrégé diffère naturellement, à cause de cette abréviation même, du pronom personnel indépendant; mais cette différence n'est pas assez considérable pour nous laisser le moindre doute sur l'identité des deux formes. Il y a toutefois une exception pour la seconde personne du singulier et du pluriel, qui, dans les cas cités par nous, remplace le *tav* par le *caph*. Il en est ainsi dans *sous-hhâ* (*homme* ton cheval) *sous-hhê* (*femme* ton cheval), *sous-hhem* (*hommes* votre cheval), *sous-hhên* (*femmes* votre cheval; nous pourrions ajouter *le-hhâ* (à-toi), etc.

Gésénius croit qu'il y a eu un ancien pronom *anhhâh*

ou *akah*, désignant le singulier; et *aken*, *akem*, désignant
le pluriel de la seconde personne de ce pronom, aurait été
fourni par l'analogie d'*ânôhhi* (1). En effet, dans l'éthio-
pien, le *caph* remplace le *tav*, même dans la conjugaison.
C'est ainsi qu'on y dit *gabarhha* (tu as fait), pour *gabarta*.
La langue hébraïque a obtenu, par l'emploi de ces deux
formes différentes, l'avantage de distinguer nettement l a
forme *kâtal–ta* (tu as tué) d'avec *kâtal-hhâ* (ton assas-
sinat).

RÉSUMÉ

On voit par l'analyse qui précède qu'on aurait tort de
considérer la flexion dans la langue hébraïque comme un
effet du principe de la composition. Lorsque les pronoms
se joignent aux substantifs, ou, comme régime, aux verbes, ils ne se fondent pas entièrement avec le mot principal comme des désinences devraient faire. Ils ont plutôt
le caractère d'enclitiques, tel que dans πατήρ μου, *limina-
que*, ou au moins comme ces terminaisons antiques (δε, φιν,
θεν) qui n'ont pas encore tout à fait dépouillé leur nature
d'enclitique : οἰκόνδε, πτυόφιν, μεγαρόθεν, etc. La preuve
que ces pronoms ne font pas nécessairement partie des
verbes ou des noms auxquels ils sont joints, c'est qu'on
peut les en détacher sans que l'intelligence du mot en souffre. Que l'on sépare les suffixes *i*, *châh*, *chem*, de *sous-i*
sous-hhâh, *sous-hhem*, il restera toujours le nom *sous* qui
veut dire cheval; mais on n'obtiendrait pas le même résultat si l'on détachait ainsi les désinences du radical dans
πολῖ-ται, ἔχ-ουσι, *lup-orum*, *mun-ibus*.

(1) Il se pourrait cependant que cette forme du pronom vînt du
substantif אח (*ahh*), frère.

Quand nous examinons la nature des préfixes et des
suffixes dont l'adjonction au radical donne naissance à la
conjugaison sémitique, nous sommes forcés de reconnaître
que la langue, au lieu d'avoir choisi les formes bien connues des pronoms personnels., semble souvent avoir tâtonné et s'être laissé déterminer plus d'une fois par un instinct vague ou par des souvenirs obscurs, comme dans
ji-k'tôl (il tuera), *kât'l-oû* (ils *ou* elles ont tué) et *ji-k't'l-*
oû (ils *ou* elles tueront), *ti-k'tôl* (elle tuera), et peut-être
dans *kâtal'-ti* (j'ai tué). Ici, évidemment, ce n'est pas de
déflexion qu'il peut être question, puisqu'il s'agit de consonnes ajoutées plutôt que de voyelles ; mais bien du
principe même qui a donné naissance à la déflexion.
En effet, la conjugaison hébraïque n'est pas née, comme
la conjugaison japhétique, de la combinaison d'éléments
bien connus et qu'il a été possible à la science de reconnaître et de fixer ; mais par un procédé plus rapide, plus
mystérieux et plus créateur, qui se laisse deviner plutôt
que décrire et analyser. Même dans les cas où l'identité
des préfixes et suffixes avec les pronoms personnels est à
peu près évidente, la langue ne paraît pas toujours avoir
recours à la composition proprement dite, comme dans
kâtal'-tâ, *k'tal'-tem ;* mais dans les *ti-k'tôl*, *ti-k't'lî*, *ti-*
k'tl'-oû, *ti-k'tôl-nâh*, on dirait qu'elle a trouvé par un hasard heureux, plutôt que par la voie du raisonnement, la
consonne caractéristique de la seconde personne.
Il est donc bien certain que, si les langues indo-européennes doivent la naissance de leurs grammaires et de
leurs vocabulaires surtout au principe de la composition,
le curieux *symbolisme* dont nous venons de décrire la nature fait la force et la vie des idiomes sémitiques. Aussi,
si nous avons pu nous convaincre que l'influence de la
déflexion s'est affaiblie et est près de s'éteindre dans les

langues groupées autour du sanscrit, il n'en est pas de même dans les langues plus modernes de la race de Sem. La *déflexion* joue un rôle plus grand dans l'arabe de nos jours que dans l'hébreu du temps de David et de Salomon ; elle y a pénétré dans la déclinaison du substantif, elle y a formé certains adjectifs et certains noms de nombre. L'hébreu ne connaissait pas le pluriel irrégulier, qui, au lieu de marquer le nombre par une désinence préfixe, l'indique par la modification des voyelles radicales. Ainsi :

djebel (montagne),	fait au pluriel	*djebâl ;*
qalb (le cœur),	—	*qloub ;*
choqf (navire),	—	*chqouf ;*
oueled (fils),	—	*aouelad ;*
sour (rempart),	—	*asuar ;*
sif (sabre),	—	*siouf ;*
mesken (demeure),	—	*mesaken ;*
djenân (jardin),	—	*djenaïn ;*
kitâb (livre),	—	*k'tâb* (suppression de l'*i*).

C'est par un changement des voyelles que les Arabes indiquent souvent les formes diminutives :

djemil (gentil), *djemeïel* (gentillette) ;
cerhir (petit), *cerheïer* (tout petit) ;
gâder (puissant), *gouider* (doué d'une petite puissance) ;
asouad (noir), *souioud* (un peu noir).

Et dans les nombres les numératifs ordinaux et les fractions. Ainsi :

trois se dit : *tlata ;* le troisième : *tâlit ;* un tiers : *et-toult ;*
quatre — : *arba'a ;* le quatrième : *râbi ;* un quart : *er-roub ;*
cinq — : *khamsa ;* le cinquième : *khâmis ;* un cinquième : *el-khoums.*

En présence de ces faits, on ne peut pas se dissimuler
que les langues sémitiques, au lieu de devenir infidèles
au *symbolisme* primitif, qui sert de base à leur constitution, s'y sont fortifiées de plus en plus. Elles lui doivent à
la fois leur originalité et un cachet indélébile. Il y a sans
doute dans l'arabe moderne quelques exemples de formes
nées de la composition de deux éléments. Ainsi : *Allah*
pour *Al—ilah* (la Divinité), et les numératifs ordinaux et
cardinaux, de onze à dix-neuf :

onze   se dit *ahhdâch* pour *ahhad + a'cher ;*
douze   —   *etnâch*   — *etnâ + a'cher ;*
treize —   *tlettâch* — *tlatâ + a'cher*, etc.

Mais ces faits, rares et isolés dans la langue, ne prouvent rien pour son caractère synthétique, pas plus que les
quelques composés récents que nous rencontrons dans les
langues néolatines (dans le français, par exemple, j'aur-
ais, je louer-ai, dés-or-mais, dor-én-avant, ja-mais, etc.)
ne nous autorisent à mettre ces langues sur la même ligne
que le grec, le latin et le sanscrit.

III. Marche des idiomes indo-européens et sémitiques. Comparaison.

Nous nous rappellerons qu'en effet les langues primitives de la race japhétique avaient dû leur naissance à un
synthétisme aussi vaste et compliqué qu'intelligent et
profond : car, à l'origine des langues, la raison est toujours à l'œuvre, quoique ce ne soit qu'une raison instinctive et d'autant plus puissante qu'elle ne se connaît pas
encore. Le terme de·la période synthétique était marqué

au moment où cette raison, se repliant sur elle-même, commençait à scruter ses propres lois. Il est curieux de voir comment la dégénérescence atteignit tour à tour, dans l'antiquité païenne, la société, la famille, la littérature, et, en dernier lieu, la langue. Les classes supérieures sont les premières à se corrompre ; puis viennent les arts et la littérature. Mais, lorsque la corruption passe du gouvernement et des institutions dans les mœurs privées et déshonore le foyer domestique, alors les fortes assises de la langue commencent aussi à se disloquer, et la ruine de la nationalité est imminente. La langue est le dernier symbole de l'existence d'un peuple ; avec la perte de ce symbole commence non pas une révolution, mais une civilisation toute différente.

La chute de l'édifice social des anciens et la chute de cet édifice de leur pensée qu'on appelle le système d'une langue devaient donc se suivre de bien près. Mais, à moins d'une destruction entière de la race grecque et latine, les langues nouvelles devaient, sur le sol jadis occupé par cette race, se former en grande partie avec les débris des idiomes qui les avaient précédées. Cependant, si la construction du langage primitif, à la seule exception peut-être des racines, avait été l'œuvre de la *raison instinctive*, et rappelait ainsi, par son tissu et son développement, ceux des organismes naturels, la reconstruction des langues fut l'œuvre *à demi réfléchie* d'une raison qui commence à avoir conscience d'elle-même, d'une pensée philosophique qui, par sa clarté et sa vigueur, supplée à la richesse et à la fécondité des formes, dont abondent les anciennes langues. Non-seulement toutes les idées, mais encore presque toutes les nuances d'idées, devaient être rendues par des mots séparés, indépendants, et l'enchaînement de ces idées devait désormais, dans la composition de la phrase, se dérouler avec la fatalité d'un théorème d'algèbre. C'est pourquoi les langues modernes sont appelées particulièrement *langues analytiques*. Mais les deux qui méritent ce nom de préférence à toutes les autres son* le français et l'anglais. Assurément, *de la mère* et *we lov* signifient exactement la même chose que *matris* et *amamus*. Mais ce n'est pas sans intention que le génie des langues modernes fait précéder la racine de ces petits mots qui désignent le cas, la personne, etc., au lieu de l'en faire suivre. Un fait qu'on remarque en général dans l'étude des langues, c'est que les préfixes s'unissent bien moins intimement au corps du mot que les désinences. Les premiers restent toujours reconnaissables et tant soit peu indépendants, tandis que celles-ci finissent toujours par être attirées, absorbées, par le mot plus fort qui les précède (1). Cela se voit distinctement par l'exemple des langues suédoise, danoise et valaque de nos jours, où l'article se place après le substantif, et où les déclinaisons ont gardé jusqu'à un certain point un caractère synthétique.

Ainsi les langues japhétiques modernes, en plaçant les parties accessoires du discours (celles qui n'expriment que les nuances, les modes de la pensée) avant celles qui en renferment le fond, semblent donner à entendre qu'elles se sont définitivement arrêtées à l'analyse; qu'elles repoussent énergiquement toute fusion nouvelle entre les différents éléments qui constituent le langage; que rien ne leur est plus étranger qu'une tendance décidée, univer-

(1) Les premiers hommes, en plaçant la racine devant la désinence, c'est-à-dire la partie accessoire du mot, semblent avoir voulu marquer la prédominance de la première. Il est clair aussi qu'à leurs yeux les préfixes avaient une valeur plus considérable non-seulement que les désinences, mais, dans un grand nombre de cas, même que la racine.

selle, vers une synthèse dernière et absolue, qu'on a essayé de nous présenter comme la perfection à laquelle
toutes les langues civilisées devaient aspirer en dernier
lieu.

Mais, quoique les langues de l'Europe actuelle ne paraissent plus être susceptibles de changer et de se transformer
de nouveau, il n'en est pas moins vrai que les idiomes
japhétiques ont eu un développement varié et puissant, et
que, depuis leur origine jusqu'à nos jours, ils ont parcouru un vaste cycle en passant du monosyllabisme au
synthétisme et en revenant du synthétisme à l'analyse,
comme à leur point de départ. On n'en peut pas dire autant des idiomes sémitiques, qui offrent, on l'a dit bien
souvent, un caractère d'immutabilité relative, s'avançant toujours en ligne droite, et, si l'on peut parler ainsi
en tenant compte de l'histoire des deux races, traversant
de part en part le cercle japhétique. Seulement, nous
nous croyons obligé de combattre l'opinion de ceux qui
voient dans cette invariabilité du langage des Sémites
leur incapacité de changer, de se transformer et de progresser, et la preuve d'un génie inférieur et d'une organisation moins complète que celle des Indo-Européens.
Si les Sémites avaient créé, à l'origine des choses, des
idiomes semblables à ceux de la race japhétique, ils auraient été Indous et ils auraient cessé d'être eux-mêmes.
Mais, ayant une fois formé ce langage dont les éléments constitutifs se retrouvent dans l'hébreu de la Bible, il paraît
impossible que les Sémites en aient plus tard pu changer
la nature et le caractère. On doit même reconnaître, selon
nous, qu'ils ont réussi, malgré l'extrême fixité que leurs
idiomes paraissent avoir acquise dès les premiers temps, a
les enrichir d'une série de formes grammaticales et d'une
foule de mots nouveaux et poétiques, à une époque où

presque toutes les langues civilisées avaient perdu leurs facultés créatrices.

Ce qui chez les Indo-Européens semble avoir donné naissance aux langues analytiques, c'est, comme tout le monde le sait, la perte ou au moins l'affaiblissement fréquent des désinences. Or, il est certain que ce phénomène n'est pas tout à fait étranger à l'arabe moderne, et surtout à l'arabe parlé de nos jours. Celui-ci a laissé tomber en désuétude une foule de formes de l'arabe classique, entre autres la déclinaison artificielle et bon nombre de conjugaisons. Nous avons vu que dans les noms de nombre cardinaux et ordinaux, entre dix et vingt, les Arabes supprimaient la dernière syllabe de *a'cher*, comme ils retranchent souvent la voyelle *i* du substantif *chi* (la chose) dans des phrases telles que celles-ci :

chouft-ho-ch (l'as-tu vu)?
ma tchheub-ch (tu ne veux pas)?
ma qolt lo-ch (je ne lui ai pas dit).

La langue vulgaire supprime volontiers les voyelles finales, lorsqu'elles ne sont pas indispensables au sens du mot. Par exemple : *ismok* (ton nom) pour *ismoka*, *fi el-semavat* (dans les cieux) pour *fi el-semavati*, *min el-scherir* (du mal) pour *min el-scheriri*, etc. (1). Ces voyelles ne se prononcent plus que dans les écoles.

Si la perte des désinences n'est pas devenue générale en arabe, cela tient évidemment à ce que le système de la flexion y est extrêmement simple et se rapproche beaucoup de celui de nos idiomes modernes. Si dans cette langue le prétérit a conservé ses suffixes, c'est que leur po-

(1) *Mithrid.*, ɪ, p. 393 et 394.

sition après le radical assurait précisément à ces formes le caractère du passé, et qu'il était impossible de les retrancher pour en faire des préfixes sans risquer de confondre alors les formes du prétérit et du futur. Quant au futur lui-même, il devait rester invariable justement parce que sa flexion se fait surtout à l'aide de préfixes qui, de leur nature, ont déjà une certaine indépendance et conviennent si bien au système grammatical des langues analytiques. Pour ce qui est de la déclinaison, personne n'ignore qu'elle est établie sur le même principe que dans nos langues; que les noms peuvent être précédés de l'article; que les cas sont exprimés par des prépositions *min*, *l''*, *b''*, etc., et que la différence même du nombre est fréquemment indiquée en arabe non pas par une terminaison, mais par une modification interne du mot. Le comparatif et le superlatif s'y forment aussi à l'aide de procédés analytiques, semblables à ceux en usage dans les langues néolatines, et nullement par l'agglutination de certaines désinences, comme τερος, τατος, — lat. *ior*, *imus*, *simus*, etc., — all. *er*, *est*, etc.

Il est vrai que l'extrême variété des genres de verbes et des modes de dérivation qui en découlent rend l'étude de l'arabe un peu difficile et lui donne, aux yeux des linguistes inexpérimentés, un caractère synthétique. Mais, ces genres et ces modes une fois établis, il était impossible de les changer par l'analyse, en les simplifiant : car leur grande variété fut le résultat non pas de la combinaison de deux ou plusieurs éléments différents, mais bien de ce procédé *symbolique* ou *virtuel* qui se cache sous le principe de la *déflexion*. Or, la flexion ayant été portée au sein du mot par le génie de la langue, ces mots, sous peine de périr, devaient rester immuables. Car, enfin, l'analyse ne peut avoir lieu que là où aupa-

ravant il y a eu véritable synthèse ; et, puisque la composition, à l'exception d'un petit nombre de substantifs et
de quelques noms propres (1), est et a été de tout temps
un principe à peu près étranger aux idiomes sémitiques,
nous ne voyons pas comment ces derniers auraient pu
parcourir les mêmes phases que les langues indo-européennes.

C'est par la même raison aussi que tombe le reproche
adressé aux langues sémitiques, d'être pauvres de formes exprimant les temps et les modes. Il est certain que
les premiers Sémites ont dû être frappés surtout par le
genre de l'action, puisqu'ils l'exprimaient sous tant de
formes diverses ; mais c'est précisément parce que pour
l'exprimer ils avaient épuisé toutes les modifications possibles des voyelles radicales, et qu'il leur était interdit de
recourir à la combinaison de deux éléments différents,
qu'il ne leur resta qu'un seul moyen de rendre la variété
des temps : c'était de placer des pronoms ou des formes
pronominales après le radical pour marquer le prétérit, ou de les placer avant l'infinitif pour désigner le
futur. Il ne faut pas oublier que les langues germaniques
elles-mêmes n'ont que deux temps simples, et que pendant longtemps les langues slaves n'en ont pas eu davantage ; que, si les langues néolatines, telles que le français,
l'espagnol, etc., offrent ici une grande variété et richesse
de formes, elles les doivent à un reste de ce génie synthétique qui caractérisait leur mère commune, le latin. Mais
il importe de savoir si les anciens Sémites, par cela même
qu'ils n'ont pas eu de formes particulières pour les autres
temps et modes, n'en ont réellement pas eu l'idée ou ont
été dans l'impuissance de les exprimer. Evidemment, cela

(1) Gésénius, *Grande gramm. hébraïque*, p. 518 et suiv.

n'est pas : car, quoiqu'en général le présent n'existe
pas (1), et que toutes les actions puissent être envisagées
comme passées, passant, futures, ou se développant,
ce qui est encore futur, on conçoit que les Sémites ne
se soient servis du présent que pour marquer la durée
d'une action, ce qu'ils réussissaient à faire de tout temps en
plaçant le pronom personnel à côté du participe (2). Les
Hébreux exprimaient le subjonctif et l'optatif par de légères
modifications du futur, et, en faisant précéder ce dernier
du *vav* conversif, ils indiquaient ce qu'on appelle l'imparfait. Ces modifications prirent un caractère plus accentué dans l'arabe, où l'on distingue les trois formes du
futur : *jaktola, jaktol, jactolan* (3). Au reste, l'arabe parlé
de nos jours a recours, comme presque toutes les langues
analytiques, aux verbes auxiliaires *kan* (être) et *mcha*
(aller) ; le participe de ce dernier, *machi,* étant placé de-

(1) Il faut remarquer que le présent n'a pas, chez les Indo-Européens non plus, un caractère primitif. Dans les formes allemandes :
binde, band, liege, lag, l'a primordial appartient à l'imparfait. L'*i* du
présent date d'une époque plus récente, puisqu'on ne le retrouve que
rarement dans les autres langues de la même famille. En grec, c'est
l'aoriste qui a conservé le plus l'intégralité du radical, et, lorsqu'on
compare : φεύγω, ἔφυγον; τύπτω, ἔτυπον; λαμβάνω, ἔλαβον, il faut bien
reconnaître que le présent et l'aoriste n'étaient pas toujours aussi nettement figurés dans la conjugaison grecque, qu'ils le sont aujourd'hui,
et que les formes les plus simples, et partant les plus anciennes, se
rencontrent plutôt dans l'aoriste que dans le présent.

(2) Les Arabes d'aujourd'hui expriment le présent, en mettant d'a-
bord le verbe au futur ou au participe, et en le faisant précéder
du petit mot *ra* (voici) suivi du pronom personnel. Ainsi, *j'écris ac-
tuellement* peut se dire : *ra-ni nektob* ou *ra-ni kâteb* (voici moi, j'é-
crirai ; voici moi écrivant).

(3) Gésénius, *Grande grammaire hébraïque*, p. 283; de Sacy,
Grammaire arabe, t. I, p. 113 et suiv. ; t. II, p. 19 et suiv.

vant l'aoriste pour marquer une action future très prochaine. Exemple : *èch machi ta'mèl* (qu'allez-vous faire) ?

Il est vrai que le discours des Sémites ne connaît pas les ampleurs de la période grecque, ni l'emboîtement de la phrase latine, ni les imitations qu'en ont tentées et tentent encore aujourd'hui les modernes, surtout les Italiens et les Allemands. Ce qui rendait de vastes périodes possibles chez les anciens, sans que leur longueur nuisît à leur clarté, c'était précisément la variété à la fois et la netteté des désinences indiquant les rapports des mots d'une manière palpable, et ramenant la pensée à l'unité par leur répétition et l'identité de leur son. Ces périodes ne sont pas possibles ou deviennent un défaut dans les idiomes privés de désinences ou n'en ayant conservé que de fort affaiblies. Les idiomes sémitiques sont dans ce cas, et la période n'y aurait pas pu prendre naissance, même si le génie sémitique ne s'était pas attaché, pour présenter les pensées avec la plus grande lucidité possible, à les isoler les unes des autres. Au surplus, c'est une bien grande injustice de se plaindre à la fois des longueurs de la phrase allemande et de parler avec dédain de la simplicité naïve de la construction sémitique. En somme, les Sémites ont fait de tous les temps ce que les Latins n'ont commencé à pratiquer qu'à partir de Sénèque, et ce que les écrivains modernes s'efforcent de pratiquer tous les jours. Coupez les périodes, nous crie-t-on de toutes parts, et, en réalité, on n'a qu'à ouvrir les romans de nos meilleurs auteurs pour trouver des pages entières remplies de petites propositions ne dépassant pas la longueur d'une ligne (1).

_____

(1) Qu'on prenne, par exemple, les deux premières pages de *Leone Leoni*, de George Sand, on sera frappé de la vérité de ce que nous avançons.

4

Lorsque nous tirerons les conclusions de ces longues recherches, il restera bien établi que les idiomes japhétiques, comme les idiomes sémitiques, ont les défauts de leurs qualités et les qualités de leurs défauts; que ces défauts et ces qualités, dans les idiomes japhétiques, ont pour point de départ la composition, et les défauts et les qualités des idiomes sémitiques celui du symbolisme. Reste à savoir lequel des deux principes prévaudra et auquel appartiendra le premier rang.

Il ne paraît pas que les Indous aient, à l'origine des choses, procédé d'une manière bien différente de celle des autres peuples, lorsqu'il s'agissait de désigner des concepts ou des objets qui présentaient plusieurs images à l'âme humaine. Ils semblent, comme les Chinois font encore aujourd'hui, et comme ont fait les Tatares, les Egyptiens etc., avoir placé deux racines côte à côte, sans songer d'abord à les combiner. La combinaison de deux ou même d'un plus grand nombre de racines s'accomplit sans doute insensiblement; mais ce n'est pas là que nous pouvons reconnaître la supériorité des Indo-Européens, puisque d'autres races et d'autres peuples, dont les destinées ont été moins brillantes, comme les Finnois et les Groënlandais, se servent aussi d'idiomes riches, flexibles, et qui ont pour principe le synthétisme. Nous ne devons pas, du reste, nous dissimuler que le procédé de la composition employé par un si grand nombre de peuples de notre globe est le plus naturel, le plus simple et le plus conforme à des intelligences peu pénétrantes et tout enveloppées encore du crépuscule de l'imagination. Deux choses cependant paraissent avoir distingué la race indo-européenne de toutes les autres : l'heureux choix de ces racines monosyllabiques, l'heureuse et euphonique combinaison non-seulement de plusieurs de ces racines en un mot bien organisé, mais encore des consonnes et des voyelles en des syllabes bien harmonieuses. On voit, dès les premiers pas de la race, se distinguer cet *os rotundum* qu'Ho race attribuait avec tant de justesse à la muse grecque. Mais ce qui semble avoir caractérisé encore davantage les idiomes japhétiques est une extrême souplesse et une grande flexibilité des formes, permettant à toutes les tribus de varier à l'infini leurs grammaires et leurs riches vocabulaires. Le véritable talent de cette race paraît avoir consisté à oublier très rapidement les origines de ses formes grammaticales, à les avoir changées et modifiées incessamment en leur donnant, avec le progrès des siècles, l'empreinte de chaque époque, du climat, des habitudes, en un mot, du milieu dans lequel chaque peuple vivait. Ils oublièrent si bien leur point de départ et les liens intimes qui les attachaient tous, dans un temps primordial, à un centre commun, que non-seulement, sans la connaissance du sanscrit, qui date d'hier, on n'eût jamais pu retrouver la preuve de ces liens, mais encore que Français, Allemands, Slaves, Persans, sont loin de se douter aujourd'hui que tous ils viennent du même pays, que tous ils parlent des langues qui au fond sont identiques, que tous, à l'origine des choses, ont eu des mœurs et des croyances analogues. Ce fait, d'une importance suprême, n'est encore connu aujourd'hui que d'un petit nombre de savants et de lettrés. Ainsi donc, le mérite principal des anciens Indo-Européens a été celui d'oublier et de s'abandonner à la vie du moment; c'est pourquoi leurs idiomes, plusieurs fois interrompus dans leur carrière normale, ont pu renaître, se refaire, et produire, malgré d'étonnantes mutilations — comme celles qui arrivèrent à l'anglo-saxon et au persan — de grandes et splendides littératures. C'est ainsi que les idiomes japhétiques ont dans l'anti-

quité un cachet de matérialisme, qu'ils sont confus et em-
brouillés au moyen âge, qu'ils s'élèvent au spiritualisme
et pour ainsi dire, à une clarté algébrique dans les temps
modernes. Ils ont calqué la marche ondulée, et, si l'on
peut s'exprimer ainsi, le mouvement spiral de l'esprit
humain, et leur grandeur tout entière est dans leur ensemble et dans leur développement. Mais il faut se souvenir que les peuples qui les parlaient n'eurent aucune connaissance de cet ensemble et ne se doutèrent nullement de
l'enchaînement immense de leur destinée. Tout chez eux
est incohérent, passif, et ce qui les unit aujourd'hui les
uns aux autres, ce n'est pas leur propre pensée ou leur
propre croyance, mais une pensée, une croyance, venue
de source hébraïque.

S'il paraît avoir été dans la nature des Indous de subir
toutes les influences et de suivre toutes les impulsions, le
caractère des Sémites paraît avoir consisté à se refuser aux
premières, à donner et à propager les autres. On reconnaît les traces de ce caractère énergique dans les allures
concentrées et dans la forme inaltérable de leurs idiomes.
Repoussant, en effet, le principe de la composition, ils
fixèrent isolément chaque image, chaque pensée primitive,
de peur qu'en les mêlant à d'autres, il en pût naître obscurité ou confusion. Ils admirent cependant une série de
modifications de la pensée et du mot primitifs ; et c'est
ainsi qu'autour d'un petit nombre de monosyllabes qui
restèrent debout se groupèrent les nombreuses colonnes
des racines dissyllabiques. Les éléments de leur langue
une fois établis, les Sémites ne les perdirent plus de vue
un seul instant, et ils exprimèrent les modes et les mani-
festations diverses d'une même idée par les variations et
les modifications insensibles du même mot. Voilà comment le Sémite remonta avec facilité du dernier dérivé à

la racine, et que de la racine, avec la même facilité, il re-
descendit au dernier dérivé. La vie circula dans toutes les
parties de la langue, comme elle circule encore aujour-
d'hui, vivace et forte, dans toutes les peuplades de la
famille. Les étymologies des mots n'ont pas été à faire dans ces
idiomes, elles existaient de tous les temps ; dans les idiomes
indo-européens, au contraire, elles ne se sont faites que de
nos jours, et le système de leur grammaire n'a été révélé
qu'hier. Ajoutez que ce sont les Sémites qui, les premiers,
ont dégagé la lettre de l'hiéroglyphe, et qu'en décomposant les sons de la voix humaine en une série d'éléments
simples et saisissables, en inventant cet alphabet adopté
par le grand nombre des peuples civilisés, et surtout des
peuples japhétiques, ils ont fondé et rendu possibles la
vie et les traditions intellectuelles de l'humanité. Donc la
force du caractère sémitique se reflète dans la fixité des
formes de son langage, comme la clarté pénétrante de
son esprit est reproduite dans la simplicité et les contours
tranchés de son système grammatical et de son alphabet.
Force et clarté, c'est-à-dire attachement aux traditions
et perception nette d'une série de pensées simples, mais
grandes et indispensables à la nature humaine, tels paraissent être les traits principaux du caractère sémitique.
Y a-t-il lieu d'en inférer une certaine infériorité de la
race? Nous ne le pensons pas. Quel mal y a-t-il à ce que
l'Arabe de nos jours parle un langage peu différent de
celui de ses premiers pères, langage qu'il tient à honneur
de connaître et d'apprendre, et à ce qu'il puisse remonter
ainsi, par une longue série de traditions non interrompues,
presqu'à l'origine de sa race et du genre humain? Quel
avantage y a-t-il, au contraire, à ce que la foule, dans
les peuples indo-européens, vive comme les premiers hom-

mes de cette race, à peu près sans souvenir du passé, et que la connaissance de ce passé ne s'obtienne, même dans les classes supérieures de la société, qu'au prix de longues et laborieuses études? Nous signalons cet inconvénient frappant qui s'offre à nous, sans prétendre pour cela que l'état des peuples japhétiques ne soit pas bien supérieur, *depuis quelques siècles* au moins, à celui des enfants de Sem. Retrancher les Indo-Européens de l'humanité, ce serait assurément la décapiter ; ce serait lui ôter la variété et le mouvement, la beauté du génie et le plus noble éclat des arts. Mais, ne l'oublions pas, pour déployer le spectacle splendide que nous offrent leurs civilisations successives, ils ont dû être fécondés à plusieurs reprises par l'esprit sémitique : car, si ce n'est pas à sa seule influence que l'on peut attribuer cet esprit d'analyse et de simplification qui caractérise notre époque, et qui éclata d'abord dans les idées religieuses du monde européen, il y a dix-huit siècles, c'est à lui seul, c'est à l'esprit sémitique, que la société moderne doit ses mœurs de famille, sa haute morale, son honneur et sa dignité, et, ce qui est plus que tout cela, son salut.

§ 7. — LOI SUPRÊME DES LANGUES CIVILISÉES.

La création des idiomes sémitiques était due à un esprit vif, profond et précoce, qui semble avoir marqué du premier bond le but vers lequel devaient se diriger, par de longs détours et à des distances inégales, les langues indo-européennes. Ceux qui semblent l'avoir atteint les premiers après les Sémites sont évidemment les Germains. Dans leur langue, même tendance à dédaigner la rondeur des formes, à laisser tomber les terminaisons, à marquer la

pensée par les rapides éclairs du symbolisme, et, dans
leur génie, même haine des pompes de l'imagination,
même austérité, même puissance d'abstraire. Cette affinité du génie des deux races ne s'est pas démentie dans
leur histoire, et lorsque, vërs la fin du moyen âge, la civilisation chrétienne du Midi, doublée de la renaissance,
paraissait sur le point d'englober dans son unité tous les
peuples civilisés, un mouvement éclata dans le Nord, tout
inspiré par les traditions bibliques, et qui prétendit ramener la religion à sa pureté primitive. De quelque manière
qu'on envisage la Réforme, on est obligé d'y reconnaître
une nouvelle infusion du génie hébraïque dans les âmes
du Nord, tandis que les souvenirs de l'ancienne Rome et
des splendeurs joyeuses de l'antiquité se sont constamment perpétués au sein des populations du Midi, plus
éprises de formes éclatantes et des beautés de l'art. Au
premier coup d'œil on serait disposé à croire que la race
indo-européenne l'emporte sur la race sémitique, précisément par cette marche méthodique de la pensée et du
langage qui l'a portée à transformer lentement ses idiomes
d'une synthèse compliquée en langues claires, précises,
analytiques. La race indo-européenne résumerait ainsi,
dans le long parcours de son existence, et ses propres
grandeurs et celles des Sémites. Cet éloge, qu'on lui a
donné tant de fois, nous sommes obligés de le restreindre.
En effet, les langues parlées par toutes les populations
de cette race ont-elles toutes traversé les phases qui con-
duisent de la synthèse à l'analyse? Évidemment non.
Les langues slaves ont conservé une richesse de flexions
et des modes nombreux de dérivation qui les rendent
moins aisées, mais surtout moins agréables à apprendre
que le grec et le sanscrit. Les idiomes teutoniques eux-
mêmes se font remarquer par un luxe de formes synthétiques

considérable et embarrassant pour tout autre que pour les indigènes. L'islandais est encore tout hérissé des difficultés que présentait l'ancien langage des Scaldes, et la syntaxe, les conjugaisons, mais surtout les déclinaisons de l'allemand moderne, s'apprennent plus difficilement peut-être, par les Français, que les étrangetés de la grammaire arabe. Ce seront donc les langues néolatines, auxquelles on peut joindre, si l'on veut, le grec moderne, qui se présenteront à notre esprit comme les représentants de l'analyse et de la pensée algébrique. Mais le grec de nos jours ne s'attache-t-il pas à reproduire, avec effort, les formes variées et classiques de la langue de Périclès et de Démosthènes? L'italien, l'espagnol, le français même, ne possèdent-ils pas, ce dernier surtout dans sa syntaxe délicate et dans l'emploi de ses pronoms variés, mais tous dans la conjugaison de leurs verbes, si souvent irréguliers, de nombreuses traces de l'ancienne synthèse? On ne saurait nier toutefois que leur marche a quelque chose de plus aisé et de plus libre que celle des langues germaniques, et surtout celle des langues slaves. A quoi doivent-elles cette supériorité, selon nous, bien réelle? On peut dire que les Slaves et les Germains ont vécu moins de la vie de la pensée, qui creuse, et de la civilisation, qui use. Seulement il faut ajouter aussi que les Slaves et les Germains ont toujours présenté une masse compacte sur laquelle la conquête a pu passer quelquefois, mais sans les entamer, et dans laquelle une idée et une influence étrangères, fût-ce celles du christianisme, ont pu se répandre sans les dominer. Le latin, qui a donné naissance aux idiomes romans, se distinguait déjà, sans doute, par une tendance visible vers l'abstraction et des formes concentrées. Il est douteux toutefois qu'il se fût complétement décomposé et que les différences qui le séparent de ses filles fussent aussi profondes qu'elles le sont en réalité, sans la double invasion qui a transformé l'Occident : celle des barbares du Nord, qui, en leur qualité de conquérants, n'apprirent qu'imparfaitement la langue des vaincus, et celle d'une pensée, hébraïque s'il en fut jamais, la pensée chrétienne, qui entra comme une épée dans le corps énervé et amolli de l'empire romain. Cette pensée, en changeant le cours des idées, changea le langage, et, s'efforçant de parler celui des simples, en précipita la marche vers la clarté et l'analyse. Mais les langues les plus réellement analytiques aujourd'hui sont, en Europe, l'anglais ; en Asie, le persan et quelques dialectes de l'Inde, tels que le bengali, le mahratte, etc. (1). Comment se fait il que ces idiomes aient primé, dans la voie de l'analyse, non-seulement les langues slaves et germaniques, mais encore les langues néolatines? La raison en est bien simple et bien évidente. Ces langues ont été parlées autrefois par des peuples qui n'ont pas su maintenir leur indépendance et leur nationalité, qui ont vu s'asseoir à côté de leur foyer des conquérants étrangers, et introduire dans leur vie sociale des coutumes, des mœurs et quelquefois une religion, différentes de celles de leurs pères. Les Normands, aux prises avec les Anglo-Saxons, désapprirent bien vite le français élégant de Bayeux, pour apprendre, imparfaitement il est vrai, les sons rauques de la population vaincue. Celle-ci, à son tour, modifia son langage primitif, et, en négligeant toutes les flexions, s'attacha à faire ressortir surtout les syllabes importantes des mots,

(1) Ces derniers sont tellement éloignés du synthétisme de l'ancien sanscrit qu'ils ne peuvent plus former le pluriel qu'à l'aide de certains mots ajoutés au thème, tels que *dik* (réunion), *avatha* (tout). — Benfey, *Indien*, p. 253.

à les faire comprendre et accepter par les vainqueurs. C'est ainsi que naquit ce langage si simple, si dépouillé de formes étymologiques et de lois syntaxiques, que parle aujourd'hui la famille anglo-saxonne. Même chose arriva dans la Perse et dans l'Inde. Seulement ce ne fut pas ici un peuple appartenant à la même race que les vaincus, comme cela avait eu lieu en Angleterre, qui usurpa le pouvoir et la domination ; ce furent encore les Sémites qui, à la suite de la religion de Mahomet, introduisirent une foule de mots empruntés à leur propre idiome, et obligèrent les anciens habitants, toujours dans l'intérêt de la clarté, d'abandonner les formes riches et allongées de leur langage. Le résultat de cette fusion fut d'autant plus complet que les Mahométans eux-mêmes parlaient un idiome qui, sans être analytique, puisqu'il n'avait pas dû son origine à la synthèse, portait au moins quelques caractères de l'analyse. Dans ce concours de langues, si l'on peut s'exprimer ainsi, la palme n'appartiendra donc pas aux Slaves, qui ont conservé la leur intacte au milieu des invasions et des conquêtes ; ni aux Germains, qui sont restés fidèles, du moins jusqu'à un certain point, aux idiomes parlés par leurs pères ; mais aux Néolatins d'abord, aux Anglais et aux Persans ensuite, qui sont des peuples mixtes, d'origine récente, nés de la fusion de plusieurs races et ayant vu plusieurs fois traverser leurs pays par la double conquête des armes et des idées. Evidemment, il ne peut être question ici d'une supériorité de la race japhétique ; s'il y en avait une, elle serait du côté des Slaves et des Germains, qui au moins ont conservé leur nationalité et peuvent presque être considérés comme étant restés eux-mêmes. Le mérite n'est donc plus celui de la race, mais celui des circonstances. Il est aussi dans cette loi de notre nature que ce ne sont

pas des terres vierges des œuvres de l'homme qui peuvent nourrir la semence de l'avenir et fournir de nouvelles
pages à l'histoire. Non-seulement il faut un sol dont
chaque motte ait été remuée, brisée par le soc ; dont
chaque parcelle ait été occupée successivement par des
peuples de langues, de religions et de mœurs diverses ; il
faut encore un sol trempé de la sueur et du sang de plusieurs générations pour faire venir une nouvelle moisson
de gloire, pour produire une grande nation et une grande
civilisation, qui marquent dans les annales du genre humain. Mais, que ce soit le mérite de la race japhétique ou
non, c'est dans cette race surtout que nous rencontrons
la succession de langues synthétiques et de langues analytiques : car les idiomes parlés par les autres races de
notre globle ont pris un développement différent, lorsqu'ils ne se sont pas arrêtés à la première phase de leur
formation. N'y a-t-il donc aucune loi commune à toutes
les langues civilisées? et faudra-t-il nier que dans tous les
peuples qui ont marqué dans l'histoire il y ait eu des
aspirations vers un même but, entrevu obscurément et
poursuivi avec ardeur par les têtes de colonne de l'humanité? Cette loi existe, selon nous : c'est la loi de tous
les organismes vivants, c'est la loi qui veut que la jeunesse succède à l'enfance et la maturité virile à la jeunesse ; qui veut enfin que l'imagination, tôt ou tard, soit
remplacée par la réflexion. Si la faculté qui semble pré-
dominer dans les ouvrages des anciens est l'imagination,
si Platon n'a pas pu se soustraire à son empire, si Aristote
n'a pu apporter dans ses puissants raisonnements toute
la suite, la clarté et la netteté de la pensée moderne. la
réflexion, au contraire, l'analyse et son esprit scientifique
règnent quelquefois dans les œuvres les plus incontesta-

blement naïves des poëtes de notre siècle et s'y font voir comme malgré eux.

Or, ce mouvement incessant vers la clarté, la raison, la connaissance de soi et de l'univers, qui éclate dans le développement littéraire de l'humanité, se retrouve aussi dans celui des langues. Fruit de l'instinct, leur vocabulaire primordial répondait fidèlement aux images qui frappaient les sens des premiers hommes; leurs mots, qu'aucune convention n'aurait pu créer, ressemblaient aux organismes vivants de la nature, tant leurs formes, malgré les puissantes règles de l'analogie qui ont présidé à leur naissance, sont riches, variées, multiples, changeantes. La phrase y est rapide, mobile, passionnée, poétique, et notre froide raison suit péniblement les élans impétueux inspirés par une imagination aussi fraîche qu'ardente. Peu à peu cependant la réflexion commence à se dessiner et à approprier la forme à son image. Il y a plus de clarté et de simplicité dans le grec que dans le sanscrit, et la pensée se détache et se montre mieux en relief dans la phrase latine que dans la période grecque. Encore un pas, et l'analyse triomphera, car la pensée aura percé à jour l'enveloppe qui la cachait.

Les langues modernes paraissent avec un système de syntaxe et d'étymologie beaucoup plus simple, remplaçant les nombreuses désinences des conjugaisons et des déclinaisons par des mots indépendants qui orientent l'esprit; la phrase enchevêtrée, mais sonore, par les allures régulières, algébriques, de la construction moderne; enfin, les harmonies de la quantité prosodique, par la rime et une puissante accentuation. C'est en effet l'accent qui a été l'instrument de cette remarquable transition du principe plus matériel qui régnait dans les langues an-

ciennes au principe spiritualiste qui gouverne les nôtres,
où les mots ne sont plus en réalité que les signes des idées.
Car l'accent s'était attaché dès le commencement à la syllabe qui paraissait la plus importante du mot, à celle à
laquelle l'esprit de l'homme accordait la prééminence sur
les autres, et dans les langues du nord ce fut toujours
celle de la racine. Dans la révolution qui transforma
les langues de l'antiquité et détruisit leurs formes admirables et harmonieuses, ce furent surtout les syllabes mar-
quées par l'élévation de la voix qui restèrent intactes.
Mais, de même que la réflexion règne davantage dans les
peuples du nord et qu'ils professent un mépris plus grand
pour la forme, la réflexion a aussi façonné davantage
leurs langues, qui sont, à coup sûr, bien plus fortement
accentuées que celles du midi. En France, l'accent, un
jour, a dû aussi jouer un rôle considérable dans la langue.
Lorsqu'il a commencé à s'affaiblir, celle-ci a dû recourir
à une extrême rigueur dans la construction de la phrase,
dont le mouvement tout logique exprime en réalité, plus
que celle d'aucune autre nation, la marche de la pensée
humaine.

Les langues qui, au lieu de se pétrifier dès leurs premiers pas, ont eu une croissance plus normale, comme
les langues sémitiques et surtout les langues indo-européennes (nous savons fort peu de chose des révolutions qui ont
pu transformer les autres), ont de très bonne heure pris
pour régulateur le principe de la quantité prosodique. Ce
principe n'est nulle part plus sensible que dans la grammaire sanscrite, qui distingue avec la dernière rigueur
entre des voyelles longues et brèves (1). Sa puissance ne
saurait être contestée en hébreu, où nous retrouvons la

(1) Benloew, *Accentuation*, p. 63.

même distinction assez nettement établie. Puisque les signes exprimant la longueur ou la brièveté des voyelles
datent du Ve ou du VIe siècle de notre ère, la quantité a
dû être encore bien vivace dans la langue à cette époque.
Même si elle avait été entamée sur quelques points, si
patach (*ă*), *segol* (*ĕ*) et *kamez chatuph* (*ŏ*) seuls étaient
régulièrement brefs, si *chirek* (*ĭ*) et *kibbuz* (*ŏŭ*) avaient
été quelquefois longs (1), ces exceptions elles-mêmes ne
feraient que confirmer la règle.

Les recherches des philologues n'ont pas encore fait
découvrir si les altérations que cette règle a dû subir sont
le résultat du chant musical, ou de la prononciation va-
riable du son des voyelles — comme par exemple celle
d'un *e ouvert* et d'un *e fermé*, etc. — ou de l'accent remplaçant les syllabes longues et brèves par des syllabes
fortes et faibles, ou enfin de l'action réunie de ces trois
éléments.

Quoi qu'il en soit, on ne saurait douter du rôle important que la quantité a dû jouer dans l'ancien langage des
Hébreux, puisqu'on en rencontre des traces encore dans
la poésie arabe (2), venue plus de mille ans après celle
des livres sacrés.

Nous savons que la quantité prosodique a dominé dans
une série d'idiomes que nous ne pouvons pas poursuivre
jusqu'à leur origine, puisque les poésies qui ont été écrites
dans ces idiomes ne sont pas bien anciennes, ou bien nous
ont été révélées depuis peu, et lorsque de nombreux
changements avaient pu altérer leur caractère primitif.
C'est ainsi que nous savons du lithuanien qu'on y rencontre encore de véritables longues, puisque l'accent cir-

(1) Voyez Gésénius, *Grande grammaire hébraïque*, p. 35, 36.
(2) Schmitthenner, *Usrprachlehre*, p. 334.

conflexe s'y est maintenu. L'accent aigu y est resté extrêmement mobile, et se rencontre quelquefois sur la quatrième et la cinquième syllabe à partir de la finale. Dans
le tchèque, autre dialecte slave, l'accent porte constamment sur la première syllabe du mot, en même temps que
la longueur et la brièveté des syllabes y sont scrupuleu-
sement observées, ce qui, ajoute M. Schleicher (1), donne
à cet idiome une grande beauté poétique.

Jusqu'à présent nous n'avons parlé que des langues
appartenant aux deux grandes races des Sémites et des
Indo-Européens. Voici un idiome appartenant à un
peuple de race ouralienne, le magyar, dont tous les mots
ont pareillement l'accent sur la première syllabe, syllabe
qui, chez les Tatares, renferme invariablement le radical. Cet accent s'affaiblit toutefois, nous dit M. Schleicher (2), quand des syllabes longues vont suivre : car, en
magyar, elles sont distinctes des syllabes brèves. Cette
langue disposerait donc d'une prosodie entièrement indépendante de l'accent, et, seule parmi les langues civilisées, elle serait capable de reproduire encore de nos
jours la versification métrique des anciens. Tout en tenant
compte de ce qu'il peut y avoir d'exagéré dans cette assertion, elle semble prouver au moins jusqu'à l'évidence
que l'antique principe de la quantité s'est maintenu, dans
un cas spécial et unique, à peu près dans toute son inté-
grité. Enfin, si nous jetons un rapide coup d'œil sur l'alphabet des Coptes, alphabet qui est presque identique à
celui des Grecs, nous sommes frappés d'y retrouver un

(1) *Les Langues de l'Europe moderne*, par A. Schleicher, trad. par
Ewerbeck, p. 275.
(2) *Ibid.*, p. 112.

oméga et un *êta :* ce qui semble indiquer que les Egyptiens sentaient encore, dans les premiers siècles de notre ère, la différence entre la brièveté et la longueur de l'*e* et de l'*o*.

Le fait le plus général qui semble dominer les langues dont le développement a suivi celui de la civilisation, c'est qu'elles vont du principe de la quantité prosodique à celui de l'accentuation. Car le passage du style à métaphore au style algébrique, de l'habitude de matérialiser la pensée par l'image à celle d'exprimer la pensée dans toute son abstraction, ne paraît pas s'être effectué partout avec une égale précision, surtout lorsqu'on songe au langage, encore aujourd'hui si pittoresque, des Orientaux d'origine sémitique. Il ne paraît pas non plus que la marche du temps ait généralement appauvri les langues, diminué le nombre de leurs racines primitives, amoindri, affaibli leurs formes syntaxiques. La perte même des terminaisons n'est pas aussi universelle qu'on l'a cru jusqu'à présent, et la loi en vertu de laquelle elles disparaissent souffre des exceptions au sein des familles de langues qui semblent l'avoir le plus profondément subie. Témoins les langues slaves et quelques idiomes teutoniques, conservant un luxe de déclinaisons, de conjugaisons, etc., qui démontre que l'état de barbarie où les races qui les parlent sont restées longtemps a été favorable au *synthétisme*, par lequel elles se rapprochent encore du sanscrit. Et cependant ces langues ont remplacé, depuis des siècles, la quantité prosodique par le principe de l'accentuation.

On sait pareillement que la langue arabe, qui ne s'est épanouie que quelques siècles avant Mahomet, c'est-à-dire plus de douze siècles après David et Salomon, possède un système de conjugaison beaucoup plus compliqué (1), des déclinaisons plus variées (*duel*), des adjectifs et des dérivés plus nombreux et un vocabulaire plus riche que son aïeule, la langue hébraïque. Ce qui dénote en elle les caractères d'une langue moderne, ce sont, comme nous l'avons indiqué plus haut, quelques terminaisons un peu plus effacées, un système moins complet de voyelles, puis surtout la rime, enfin un nombre de syllabes toujours égales que l'on retrouve dans les morceaux poétiques. Or, ces deux derniers points sont une preuve certaine que l'accentuation tient déjà une large place dans la langue et qu'elle y prime la quantité. Si l'on cherche à expliquer la position que l'arabe occupe à l'égard de l'hébreu, il faut admettre que ce dernier idiome se soit fixé prématurément, selon toute vraisemblance, à l'époque où Moïse imprima à son peuple ce cachet national si ineffaçable qui le distingue encore aujourd'hui. Or, à ce moment, le travail de synthèse que poursuivaient les langues sémitiques n'était pas encore terminé ; il continuait, au contraire, son action lente et sourde au sein des tribus qui, dans l'intérieur de l'Arabie, étaient restées fidèles à la vie nomade, ou s'étaient arrêtées à un degré peu avancé de civilisation.

On ne s'étonnera donc plus de voir la splendide efflorescence de la langue et aussi de la littérature arabe s'épanouir juste au moment où les langues des autres peuples civilisés entraient rapidement en décadence. C'est que, renfermées jusqu'alors par le désert dans les limites du pays qui les avait vues naître, elles n'avaient encore aucun contact avec le mouvement intellectuel qui entraînait

(1) Gésénius, *Grande gramm. hébraïque*, p. 232, 236, 274, 283, 622 et suiv.

les races historiques vers des destinées et une ruine plus précoces.

Cet état exceptionnel de la langue et de la littérature arabes ne pouvait d'ailleurs pas être d'une bien longue durée, et un certain niveau avec les langues de l'Occident devait bientôt s'établir, dès que le fanatisme religieux eut fait sortir ce peuple antique de son isolement. Dans l'arabe vulgaire, la langue est revenue aujourd'hui à peu près à la pauvreté et à la simplicité nous ne dirons pas de l'araméen (1), peut-être le plus ancien des dialectes sémitiques, mais assurément de l'hébreu de la Bible.

Il paraît donc certain que non-seulement les deux races les plus importantes de notre globe, celle de Japhet et celle de Sem, mais encore d'autres peuples appartenant à d'autres races, comme les Hongrois et les Egyptiens, décèlent dans le développement et la marche historique de leurs idiomes une même grande loi. C'est pourquoi nous osons dire que cette loi est inhérente à l'esprit humain, et nous terminons en répétant ce qui a été dit ailleurs : *L'histoire de l'accent n'est autre chose que celle du principe qui, parti de bien faibles commencements, finit par envahir toutes les formes, par se soumettre l'ordre des mots et la versification de toutes les langues* (2).

Il faut l'avouer toutefois, la prédominance de l'accent ne caractérise pas seulement les vieilles langues, qui ont épuisé toutes les phases de leur développement ; nous la rencontrons encore à leur début dans les idiomes primitifs les plus pauvres : dans le chinois, qui, grâce à la variété des

(1) L'araméen fut parlé par les Chaldéens du nord, les Babyloniens et les Assyriens, qui semblent avoir quitté le sol natal de l'Arabie avant les Hébreux, ou qui au moins se sont fixés avant ceux-ci dans des régions plus septentrionales.
(2) Benloew, *Accentuation*, p 296.

intonations avec lesquelles ses mots se prononcent, réussit
à quadrupler les 328 sons qui composent son dictionnaire ;
dans la langue des Akra, en Afrique, presque dépourvue
de formes syntaxiques (1); dans quelques langues américaines, plus compliquées, mais qui affectionnent le re-
tour des mêmes sons, exprimant des idées différentes et
diversifiées surtout par l'accent (2), comme le *guarani* et
le *quichna*. Car, enfin, il est certain que la quantité prosodique ne peut naître que lorsque les langues sortent de
la phase du monosyllabisme. Tant que tous les mots ne se
composent que d'une seule syllabe et ont pour ainsi dire la
même valeur, la différence de la longue et de la brève ne
peut pas se faire sentir. Et c'est précisément parce que les
monosyllabes primitifs ne se sont pas fondus en chinois,
après s'être mesurés et pesés mutuellement, qu'il n'y a jamais eu de valeur prosodique chez ce peuple et que l'accent est devenu la règle invariable de la langue et de la
poésie.

§ 8. — CLASSIFICATION DES LANGUES.

On divise généralement toutes les langues parlées sur
notre globe en trois grandes classes : 1° celle des langues
monosyllabiques, immobilisées et conservées pour ainsi dire
à l'état de *fossiles; 2°* celle des langues *agglutinantes* ou *agglutinatives*, qui combinent une série de mots primitifs, mais
sans les fondre en un tout véritablement organique ; 3° celle
des langues *à flexion*, où la combinaison a amené cette fusion, et où la trace des éléments constitutifs du mot s'est effa-

(1) *Mithrid.*, III, p. 198.
(2) *Ibid.*, III, p. 432, 520.

cée pour tout autre que pour un linguiste expérimenté.
Nous avons déjà dit un mot de la première classe, re-
présentée par le chinois et quelques idiomes parlés par les
peuples voisins de la Chine, les Siamois, les Tibétains, et
d'une manière moins complète par le barman et les langues *himalayennes* (le *bodo*, le *dhimal*, le *kasia*, etc.).
Toutefois, nous rencontrons aussi dans d'autres parties
du globe, comme par exemple dans l'Amérique du Sud,
chez quelques peuplades sauvages, des idiomes monosyllabiques.

Nous avons étudié dans les pages précédentes le système grammatical des langues à flexion, considérées par
les philologues comme les plus parfaites dont nous ayons
connaissance. Elles comprennent celles de la race de Japhet et de la race de Sem ; mais nous ne devons pas nous
dissimuler que le double caractère de la synthèse et de la
déflexion peut se rencontrer parfois dans les idiomes de
populations peu éclairées, comme il arrive dans le *dahcota*, parlé par une tribu de ce nom, habitant les bords du
Mississipi et appartenant aux *Indiens-Sioux*. Dans cette
langue, éminemment agglutinante, le verbe présente différentes voix, telles que la voix active, la voix fréquentative, la voix possessive, la voix attributive, lesquelles se
forment par l'addition de certaines syllabes, ou par l'incor-
poration de pronoms, ou même par certains changements
d'une lettre radicale : ce qui rappelle les conjugaisons fortes
des Allemands (1). On rencontre des traces de déflexion pareillement dans les langues caucasiques, le *géorgien* ou le
karthouli, le *circassien*, le *lazique*, le *mingrélien*, etc. (2). Il
faut s'attendre à plus d'une surprise du même genre, à me-

(1) Alf. Maury, *La Terre et l'Homme*, chap. VIII, p. 445.
(2) Maury, *ibid.*, p. 457.

sure que nous connaîtrons davantage les idiomes parlés au
pied et dans les anfractuosités de certaines montagnes de
l'Asie, dans l'intérieur de l'Afrique et de l'Amérique. En
tout cas, si cette classification, établie par les savants
d'outre-Rhin, tient bon, et si une langue est d'autant plus
parfaite que la fusion de tous les éléments constitutifs de
ses mots est plus intime, et que ses mots eux-mêmes sont
plus indissolubles, ce sont encore les idiomes sémitiques
qui tiendront le premier rang. Seulement, la structure
savante d'un idiome n'ayant pas toujours déterminé une
grande civilisation, il ne faudrait pas croire que de cette
supériorité nous prétendions inférer d'une manière absolue la supériorité de la race ; et, d'ailleurs, ce n'est pas ici
le lieu de comparer longuement les services rendus par
les Indo-Européens et les Sémites à l'humanité.

Entre les langues monosyllabiques et les langues à
flexion, il faut placer la classe intermédiaire, mais va-
riée, mais immense, des langues agglutinantes. Ces langues se font toutes remarquer par le principe de la déflexion ou du symbolisme, mais elles se rapprochent, par
d'autres caractères, tantôt du système monosyllabique,
tantôt des idiomes sémitiques, et tantôt des langues indo-européennes ; quelquefois même elles se rattachent à
deux ou trois de ces séries à la fois.

Dans cette grande classe des agglutinantes, nous dis-
tinguons trois groupes. Le premier, celui qui, ayant
abandonné la fixité chinoise, se rapproche, par sa structure surtout, des langues sémitiques, c'est le groupe des
idiomes africains, qu'on peut appeler à juste titre idiomes
atomiques. Ils se font remarquer généralement par l'a-
bondance des lettres labiales et la répétition fréquente des
voyelles sombres (*o, u*). Généralement aussi les consonnes doubles y sont rares et les voyelles y sont pronon--

cées nettement. Les mots s'y forment surtout à l'aide de préfixes, circonstance qui établit une ligne de démarcation profonde entre ces langues et les langues tartares, qui n'admettent pas que la racine soit au second rang. Le second groupe se placera avantageusement entre les langues sémitiques, auxquelles il semble emprunter quelques-uns de ses procédés les plus originaux, et les langues indo-européennes, dont il paraît adopter l'antique synthétisme : c'est le groupe des langues *tatares*, parlées depuis les confins de la Chine jusqu'à la mer Baltique, jusqu'aux portes de Vienne. Le troisième groupe est celui des idiomes dits *incorporants* ou *holophrastiques* (1), qui, poussant le synthétisme à bout, résument la phrase entière dans un seul mot, et qui, au premier abord, paraissent ainsi dépasser la puissante flexibilité des langues japhétiques. Ces idiomes sont parlés par la très grande majorité des tribus indigènes de l'Amérique du Nord et de l'Amérique du Sud. Néanmoins on rencontre aussi des idiomes holophrastiques sur d'autres points du globe, isolés au milieu de populations parlant des langues d'une structure différente.

Le premier groupe des langues agglutinantes nous est encore imparfaitement connu ; il renferme, avons-nous dit, le grand nombre des idiomes africains. Ceux-ci ont quelque chose de la simplicité des langues sémitiques, dont ils ne possèdent pourtant pas le symbolisme pénétrant. Mais, à cause de l'affinité même qui semble avoir toujours régné entre eux et ces dernières (2), la civilisa-

(1) Ces termes ont été proposés par MM. *Schleicher* et *Lieber*.
(2) En effet, le grand nombre des langues africaines, désignant peu clairement les idées de temps et de mouvement, ne distinguent pas toujours le présent du futur ou le futur du passé ; mais elles sont,

tion sémitique paraît avoir exercé un empire particulier sur les populations libyennes, et les langues sémitiques avoir déteint sur leurs idiomes. Les racines de ceux-ci, comme celles du chinois, ont fréquemment gardé leur forme primitive. Mais un certain nombre de ces racines ont vu leur valeur intrinsèque s'affaiblir et descendre à celle de conjonctions et de prépositions désignant les temps et les modes dans les verbes, et les cas dans les substantifs. Seulement ces formes syntaxiques n'ont pu s'unir au mot principal, qu'elles servent à déterminer'davantage ; elles sont restées indépendantes et donnent à la phrase quelque chose de prolixe, de traînant, sans ajouter beaucoup à la clarté de la pensée. Choisissons quelques exemples dans la langue *copte*, qui est considérée comme la continuation de l'ancienne langue égyptienne :

1°   *se*   *na*   *fi*   *te* $=$ *tollent te* (*feminam*)
       (3ᵉ pers. plur.)   (signe du fut.)   *porter*   (toi)

2° *n*   *k*   *te,* donner *sto*, jeter *ej* $=$ *ne reprobes me.*

(Négation) (2ᵉ pers. sing.)   rejeter   (1ʳᵉ p. s.)

3°   *a*   *s*   *na hem*   *e* $=$ salvabit te (sing. fém.).
(Signe du prét.) (3ᵉ p. s. f.) (fut.) *sauver* (2ᵉ p. f. s.)

Pour traduire l'idée *dès aujourd'hui* (*abhinc*), le copte se sert de quatre mots :

di   *n*   *te*   *nou*
prendre *de* (1) (article fém.) *moment*, de la rac. *nau* (voir) (2)

comme l'hébreu et l'arabe, très riches sous le rapport des **genres ou** des voix du verbe, c'est-à-dire indiquant la manière dont le **verbe** peut être employé.

(1) *Prendre de* constituent une préposition avec le sens de ἐξ ἀπό.

(2) Benfey : *Ueber das Verhältniss der ägypt. Sprache zum semitischen Sprachstamm*, p. 128, 130, etc.

La déclinaison des Coptes est d'une simplicité qui rappelle celle des Sémites; leurs pronoms ont une grande ressemblance avec ceux de la langue hébraïque, ce qui, à la seule exception du pronom personnel de la première personne (hébr., *anohhi;* copte, *anok*), pourrait bien n'être que l'effet du hasard (1). La conjugaison s'opère à l'aide d'auxiliaires exprimant les temps et les modes : *a* faire; *re*, être; *ta,* donner; *ma*, donner; *na*, aller, con - duire, etc., etc.

Peut-on rien imaginer de plus décousu, de plus incohérent, que la langue des *Susu,* tribu africaine établie près du *Sierra-Leone,* employant quatre mots pour rendre l'idée *actif* (2) : *she* (chose), *ra fala* (faire), et *muhhe,* terminaison qui forme des substantifs et des adjectifs. Elle se sert du mot *fe* pour donner au verbe la valeur d'un nom ; par exemple : *tu* = mourir ; *tu fe* = mort. On rencontre les mêmes longueurs dans la conjugaison : *Je suis fait* s'y dit : *Em luma ra fala hhe;* etc. etc. Qu'on examine les dialectes des *Akra,* des *Coossa,* des *Caffres,* des *Malgaches,* des *Beetjuanas,* on y trouvera partout des phénomènes analogues, malgré l'extrême différence des éléments primitifs (racines) qui constituent ces idiomes (3).

Le second groupe, qui comprend les idiomes de la souche tatare, se divise en deux grandes masses essentiellement distinctes. L'une, la famille tatare proprement dite, ou la famille de l'Altaï, orientale-asiatique, embrasse le tongouze (dont le mantchou est un dialecte), le mongol, le turc; l'autre, la famille tatare de l'Oural, occi-

---

(1) Gésénius, *Grande gramm. hébr.*, p. 200.
(2) *Mithrid.*, III, p. 174.
(3) *Ibid.*, III, p. 197, 264, 281, 286 et suiv., et IV, p. 438, sur la langue des Bullom.

dentale-européenne, se compose des langues finnoises, appelées *tschoudes* chez les Slaves, et connues en Europe sous le nom d'ouraliennes. Le développement de ces langues s'est fait d'Orient en Occident, de la mer Japonaise à la mer Baltique. Le mantchou et le mongol ne s'éloignent pas encore beaucoup du monosyllabisme, et ils distinguent du radical les mots exprimant la relation. Le turc le fait déjà rarement; le finnois et le magyar ne le font presque jamais et forment un mot inséparable composé de parties. Il y a donc eu dans les langues tatares un progrès insensible du monosyllabisme au synthétisme; mais c'est là que leur marche, pour le moment, semble s'être arrêtée, et il y a des raisons pour croire que l'analyse leur restera à jamais étrangère. Trois lois leur sont communes à toutes; mais c'est la troisième qui mérite particulièrement notre attention : 1° le radical n'admet jamais que des syllabes se placent à sa tête; 2° le régime précède toujours le régissant : ainsi le génitif a le pas sur son régime, l'objet a le pas sur le verbe (quelque chose d'analogue s'observe dans le japonais); il n'y peut point avoir de prépositions, il n'y a que des postpositions; 3° l'unité du mot y est assurée par une certaine harmonie des voyelles, dont nous traiterons plus tard dans le chapitre sur l'assimilation. Les voyelles des syllabes indiquant la relation sont forcées de s'adapter ou de s'assimiler à la voyelle du radical. C'est le plus sûr moyen d'assurer la prédominance de ce dernier sur les termes de relation, formés quelquefois par une longue file de syllabes. Il ne faudrait pas pourtant voir dans cette règle une preuve que les éléments constitutifs du mot tatare sont arrivés à une fusion organique. Cette loi est tout extérieure, précisément parce qu'elle n'atteint que les désinences, mais jamais la racine; tandis que, dans les langues indo-européennes, c'est au contraire celle-ci qui est modifiée par l'action des désinences, lorsqu'elle ne l'est pas dans son essence par le principe de la déflexion.

Les langues tatares distinguent donc trois espèces de voyelles : 1° dures, *a*, *o*, *ou;* 2° molles, *ai (e)*, *eu*, *u;* 3° moyennes, *i* ou *e.*

Lorsque le radical renferme une voyelle dure, les voyelles des terminaisons sont dures aussi. Par exemple :

> Turc : *aghâ*, maître ; au pluriel, *aghâ-lar;*
> Magyar : *haz*, maison ; au génitif, *haz-bol.*

Lorsque le radical renferme une voyelle molle, les voyelles des terminaisons doivent l'être de même :

> Turc : *er*, homme ; pluriel, *er-ler;*
> Magyar : *kert*, jardin ; génitif *kert-böl.*

Ces voyelles sont en général molles aussi, lorsque la voyelle du radical est moyenne : turc : *qiz*, fille ; plur., *qiz-ler.*

Lorsque le radical a deux syllabes et qu'il renferme une voyelle dure et une voyelle moyenne, la voyelle dure s'imposera aux terminaisons :

> Finnois : *papi*, prêtre ; *papi-lta*, du prêtre ;
> Magyar : *mozdit-ok*, je mets en mouvement.

Lorsque le radical dissyllabe renferme une voyelle molle et une voyelle moyenne, les moyennes encore sont sacrifiées et les molles reparaissent dans les désinences :

finnois : *terais*, acier (la forme primitive est *teraikse*) ; *teraikse-ltai*, de l'acier.

Parmi les langues tatares, le finnois se distingue par une déclinaison extrêmement riche, puisqu'elle ne compte pas moins de quinze cas, et le turc (ainsi que le magyar) par un très grand nombre de voix du verbe.

En voici quelques exemples empruntés au turc :

1° *sev*, aimer ; infinitif, *sev-mek* ;

2° Négatif : *sev-me-mek*, ne pas aimer (en supposant que le verbe fût *baq*, on aurait *baq-ma-maq*, et ainsi des autres);
Impossible : *sev-e-me-mek*, ne pas pouvoir aimer, etc.;

3° Transitif : *sev-dir-mek*, forcer à aimer ;
Trans. négat. : *sev-dir-me-mek*, ne pas forcer à aimer, etc.;
Passif, trans. négat. : *sev-il-dir-me-mek*, ne pas être forcé à être aimé, etc.;

4° Réflexif : *sev-in-mek*, se réjouir ;
Réflex. trans. imposs. : *sev-in-dir-me-mek*, ne pas forcer à se réjouir, etc.;

5° Réciproque : *sev-ish-mek*, s'aimer réciproquement;
Récipr. trans. imposs. : *sev-ish-dir-e-me-mek*, ne pas pouvoir forcer à s'aimer réciproquement, etc.

Chacune de ces cinq voix peut, comme le prouvent nos exemples, se composer avec toutes les autres et enfanter à son tour une foule de formes de temps, de modes, etc.

On rencontre dans plusieurs langues tatares, et particulièrement dans le hongrois, absolument comme dans les langues sémitiques, des suffixes possessifs. Par exemple : *kép-em*, mon image; *kép-ed*, ton image, etc. Plur. : *kép-ei-m*, mes images; *kép-ei-d*, tes images, etc. Le hongrois distingue en même temps dans la conjugaison une forme indéterminée et une forme déterminée. Voici la conjugaison des deux formes au présent :

Forme indéterminée.   *Forme déterminée.*

Singulier :

1 *ir-ok*, j'écris ;   1 *ir-om*, je l'écris ;
2 *ir-sz*, tu écris ;   2 *ir-od*, tu l'écris ;
3 *ir*, il écrit.   3 *ir-ja*, il l'écrit.

Pluriel :

1 *ir-unk*, nous écrivons ;   1 *ir-juk*, nous l'écrivons ;
2 *ir-tok*, vous écrivez ;   2 *ir-jâtok*, vous l'écrivez ;
3 *ir-nak*, ils écrivent.   3 *ir-jak*, ils l'écrivent.

La forme déterminée rappelle, par l'insertion du régime entre le radical et le suffixe, un procédé des langues incorporantes ou holophrastiques dont nous allons parler tout à l'heure.

Disons, en terminant, que MM. Max Müller et Logan ont découvert qu'il existait une affinité entre les langues tatares et les idiomes parlés par les anciens habitants de la presqu'île gangétique, refoulés vers les montagnes, à l'extrémité méridionale du pays appelé le *Dekan*. Ces idiomes : le *telinga*, le *canari*, le *télougou*, et surtout le *tamoul*, sont compris sous le nom générique d'idiomes *dravidiens*. Ils se sont, à leur tour, mêlés quelque peu aux langues rudimentaires des Polynésiens et des nègres Papous, qui paraissent avoir été les premiers habitants de l'Inde. Toutefois, la tendance agglomérative des sons est plus prononcée dans les idiomes dravidiens, particulièrement le tamoul, que dans aucune langue tatare. Les deux grandes familles ont pour trait commun l'emploi des postpositions ; mais celles-ci sont plus nombreuses dans les langues tatares (1). Quant au japonais, il a certainement des affinités avec le mantchou d'un côté et avec le chinois de l'autre (2).

Le troisième groupe des langues agglutinantes comprend les langues *holophrastiques* ou *polysynthétiques*, parlées par l'immense majorité des indigènes de l'Amérique. Nous avons déjà dit que ces idiomes expriment un grand nombre d'idées par un seul mot, et nous pouvons ajouter qu'ils ont quelquefois un mot particulier pour chaque groupe d'idées. Dans l'iroquois, par exemple, cette phrase : *Je donne de l'argent à ceux qui sont arrivés, pour leur acheter encore des habits avec cela*, est rendue par un seul mot (3), contenant vingt-une lettres, quand nous sommes forcés d'employer dix-sept mots. Il va sans dire que dans ces étranges composés il faut voir une agglomération de radicaux et de mots simples violemment contractés et apocopés. Dans cette langue, l'abstraction est nulle : on n'y sait dire *bon*; il faut dire *un homme bon, une plante bonne*. En revanche, le nombre des conjugaisons est prodigieux ; encore la plupart des tribus américaines ne connaissent-elles pas la conjugaison pure et simple. Les Mohicans ne peuvent pas dire : *j'aime, tu aimes*; ils ont l'habitude d'ajouter immédiatement l'objet de leur affection et de conjuguer : *je l'aime, je t'aime, je*

(1) Voyez, au surplus, Maury, *La Terre et l'Homme*, chap. VIII, p. 435 à 438.

(2) Toutes les langues parlées par les indigènes de la Sibérie, l'*ostiak*, le *samoyède*, le *vogoul*, le *syriène*, le *mordvine*, le *tchérémisse*, etc., appartiennent à la grande famille des langues tatares et ougro-japonaises. (V. Maury, *ibid.*)

(3) Ampère, *Promenade en Amérique*, Revue des Deux-Mondes, 1er février 1853, p. 572.

vous aime, etc. (1), et d'exprimer toutes ces idées par un seul mot. Nous ne répéterons pas ici que ces langues ont dû partir, comme toutes les autres, du monosyllabisme; seulement, lorsque les races moins bien douées du nouveau continent ont voulu commencer le grand travail de la synthèse, leur raison n'a pu gouverner une imagination trop sensible et trop compréhensive, et, en abandonnant le système monosyllabique, elles sont rapidement tombées dans l'autre excès, dont il leur a été impossible de se dégager plus tard.

Dans les langues, comme dans le mouvement historique et littéraire des peuples, la nature semble par conséquent s'être essayée à tous les systèmes, et avoir parcouru toute l'échelle des possibilités. Les langues monosyllabiques et polysynthétiques forment les deux extrêmes. Les langues indo-européennes, en leur qualité de langues à flexion, paraissent un instant donner dans l'excès de complication des idiomes américains; mais en réalité elles participent aux avantages des deux autres classes. Les langues qui, par leur originalité, par leur expressive simplicité, la force de la pensée, la valeur des œuvres littéraires et poétiques qu'elles ont enfantées, s'en rapprochent le plus, sont les langues sémitiques, quoiqu'elles semblent donner un peu dans l'extrême opposé que nous rencontrons dans le chinois. Toutefois, la multiplicité des langues étant renfermée dans ces catégories, il est remarquable que celles qui ne paraissent séparées des langues les plus parfaites que par une faible distance, les langues *polysynthétiques*, sont celles qui, dans l'histoire du monde, occupent le moins de place et ont le moins illustré les peuples qui les parlent; tandis que la langue

(1) *Mithrid.*, III, 6, p. 397.

monosyllabique des Chinois a produit une grande et importante littérature. C'est que l'obscurité qui naît de la complication est plus funeste au développement de l'esprit que celle qui résulte de la pauvreté et de l'immobilité d'une langue.

§ 9. — ZONES DU LANGAGE HUMAIN.

Si l'on s'efforce d'embrasser d'un seul coup d'œil toute la terre ferme du globe, on ne peut résister à la pensée qu'il y a des climats pour le développement de l'esprit humain et des langues, comme il y en a pour celui des races. Les contrées qui jusqu'à ces derniers jours ont été les plus éloignées du mouvement général de la civilisation sont celles où nous rencontrons les genres extrêmes des langues. Les peuples qui habitent les parties orientales les plus reculées de l'Asie parlent des langues monosyllabiques. Les tribus qui parcourent les bords opposés du grand Océan affectent le système si compliqué des langues polysynthétiques. Car c'est un autre fait curieux, bien avéré aujourd'hui, que les populations américaines étaient bien plus agglomérées dans la partie ouest du nouveau continent que dans la partie est, qui apparut aux premiers Européens comme un vaste désert. Le réseau des langues tatares et ougro-japonaises commence aux frontières de la Chine, s'étend sur tout le nord de l'Asie, occupe une partie de la Russie d'Europe, s'avance d'un côté jusqu'à la mer Baltique, et de l'autre pénètre en pointe par le magyar, à travers les populations slaves et germaniques. Au sud de ce réseau se déploie celui des langues indo-européennes. Parti du pied de l'Himalaya, il gagne l'Europe à travers l'Inde et la Perse, occupe ce continent presque tout entier, et il est allé rejoindre de nos jours celui des dialectes américains. Entre les populations japhétiques, au nord, et la race de Cham, au midi, se déroule, en s'enchevêtrant sur bien des points dans les premières et en enveloppant l'autre de plus en plus, la zone des tribus sémitiques, parlant toutes des idiomes tellement semblables que leur affinité n'a jamais eu besoin de preuves, et que leur origine identique est et a été de tout temps acceptée comme un fait incontestable. Les langues atomiques, telles que le *copte*, etc., se trouvent refoulées dans l'intérieur de l'Afrique, quoiqu'elles semblent tendre la main aux idiomes si imparfaits et presque monosyllabiques qui sont en usage sur les îles de la Polynésie, de la Malaisie, etc.

C'est ainsi que les langues monosyllabiques et polysynthétiques occupent deux extrémités de notre globe, et que les langues tatares et africaines en occupent deux autres. Au milieu de ces groupes, on rencontre celui des langues à flexion, parlées par les races les plus intelligentes du globe, qui, placées ainsi comme au cœur de l'humanité, rayonnent dans tous les sens, et dont les langues entament peu à peu les idiomes moins parfaits et moins complets des autres races, en les pénétrant de leur essence.

Il va sans dire que ces zones de l'esprit et du langage humain ne sauraient rien avoir d'absolu. Dans chaque continent nous trouvons des langues qui ne rentrent pas dans le système adopté par la majorité de ses habitants, et qui suivent comme par caprice celui qui prévaut dans un continent éloigné. Et qu'on ne vienne pas attribuer ces exceptions à des déplacements des races, résultat de ces migrations si fréquentes à une époque primordiale : car nous ferons observer que souvent ces langues ne se ratta-

chent ni par leurs racines ni par d'autres éléments constitutifs à aucune grande famille, et qu'elles restent isolées
au milieu d'idiomes parlés par des races parentes ou do-
minées par un système grammatical analogue. Comme
exemples, nous citerons seulement le basque et peut-être
l'albanais en Europe, plusieurs langues caucasiques et
peut-être le japonais en Asie (1).

§ 10. — OBSERVATIONS CRITIQUES SUR L'AFFINITÉ ET L'IDENTITÉ DES LANGUES.

L'analogie du système grammatical, lorsqu'elle est
d'un ordre très général, qu'elle ne s'étend pas aux racines
des langues et qu'elle n'arrive pas à démontrer la presque
identité des syllabes formatives (terminaisons), est loin de
prouver une origine ou une civilisation commune. Ainsi, il
n'y a nul rapport entre le *dahcota* et les langues indo-européennes, quoique certains procédés grammaticaux soient
communs à ces dernières avec le dialecte américain. Le
hongrois (qui est de la même famille que le lapon, le finnois et bon nombre de dialectes sibériens), en ajoutant
des pronoms possessifs abrégés aux substantifs, en admet-
tant dans le verbe des conjugaisons dites *factitives* et *éner-
gétiques*, a un faux air d'affinité avec l'hébreu. Les langues tatares et ougro-japonaises constituent une famille
à part, et elles ne peuvent être considérées comme s'étant
mêlées originairement aux langues sémitiques, dont, pour
tout le reste, elles diffèrent absolument. C'est ainsi que

(1) Comparez cependant l'article de M. Boller dans les Rapports
des séances de l'Académie de Vienne, mars 1857, vol. XXII, 3.

la ressemblance de la structure de la langue circassienne
avec les dialectes atomiques de l'Afrique ne saurait nous
prouver la parenté des Circassiens et des Africains du
centre (1). Il faut admettre que certains procédés des
langues, lorsqu'elles établissent leur grammaire, sont inhé-
rents à la nature humaine, qu'ils peuvent se montrer à la
fois sur plusieurs points du globe très distants les uns des
autres, suivant les influences climatériques, ou le tour
d'esprit des peuples qui les emploient. Le cercle des possibilités dans lequel ces procédés sont renfermés, malgré les
variétés de détail très nombreuses qu'il admet, est encore
peu étendu, puisque nous n'y découvrons guères que trois
ou tout au plus quatre catégories principales.

Ainsi, si le basque, si quelques idiomes des côtes de la
Guinée, ont une structure analogue à celle des langues
américaines, si le géorgien même mérite d'être classé au
nombre des dialectes polysynthétiques (2), des savants sérieux n'iront pas jusqu'à établir des rapports intimes entre
l'Ibérie de la mer Caspienne et celle des Pyrénées, et à rattacher le nom de l'une et de l'autre à quelque migration fa-
buleuse et transatlantique. Car, non-seulement le fond matériel est tout à fait différent dans ces langues et distinct de
celui des langues américaines ; mais parmi ces dernières
elles-mêmes nous ne reconnaîtrons qu'un petit nombre de
groupes, comme celui des cinq nations dans le Canada,
dans lesquels l'affinité se prouve, d'une manière certaine, par l'identité d'une foule de sons et de termes. L'immense majorité de ces langues n'ont entre elles d'autre
point de contact que cette complication curieuse, qui les
rend si difficiles à saisir et à apprendre. Non-seulement un

(1) *Mithrid.*, ii, p. 785.
(2) *Ibid.*, iv, p. 130.

abîme sépare l'iroquois du mexicain, et le mexicain du
langage des indigènes des habitants du Chili et de la Bo-
livie, mais d'une tribu à l'autre on ne se comprend souvent pas, et le nombre de ces tribus n'est pas extrêmement supérieur à celui des idiomes. Un habile philologue
américain, M. Gallatin, a dressé une classification des langues de l'Amérique du Nord. Il les répartit en 37 familles
comprenant plus de 100 dialectes, et encore est-il loin
d'avoir épuisé la liste des idiomes parlés dans cette partie
du monde. On en compte plus de 400 dans le continent
entier. Ainsi, il reste constant que l'identité de race ne
prouve rien pour l'identité du langage, et que deux peuplades peuvent être nées sous le même ciel, sur le même
sol, dans des conditions physiques tout à fait semblables,
séparées l'une de l'autre par une distance de quelques
lieues, et cependant différer entièrement dans la manière
de s'exprimer et de rendre leur pensée. Il suffit d'un obsta-
cle naturel pour amener un pareil résultat, par exemple d'une chaîne de montagnes très élevées, d'un terrain
coupé, marécageux, inaccessible aux immigrations.

En général, ce sont les montagnes qui délimitent d'une
manière tranchée les nationalités, comme les Pyrénées
séparent l'Espagne de la France; les Alpes, l'Italie du
reste de l'Europe. La même règle s'applique encore au
Böhmerwald, aux monts scandinaves (on parle danois en Norvége), aux monts Krapaks, etc. Mais nulle
part ce fait ne paraît plus saisissant qu'au pied du Caucase. C'est en vain que l'on voudrait considérer ces montagnes uniquement comme l'asile des tribus dispersées,
refoulées du nord et du midi, quoiqu'on y rencontre, à
coup sûr, des peuplades tatares, slaves, ouraliennes, et
même indo-germaniques, comme les Ossètes. Abulféda
appelait déjà la partie orientale du Caucase *Djebel elli-*

sani, c'est-à-dire « montagne à langues » ; et Strabon comptait dans la seule Albanie vingt-six idiomes (1). Sans vouloir remonter à l'origine du genre humain, la seule circonstance qu'une si grande multitude de peuplades ait pu vivre dans les ravins, les gorges et sur les escarpements d'une même chaîne de montagnes, pendant une longue série de siècles, sans se mêler d'une manière définitive et approcher au moins de l'unité, ne suffit-elle pas pour prouver que tout ce qui rend les communications difficiles entre les hommes paralyse en même temps les influences propres à les rendre semblables que pourraient exercer sur eux le même ciel, la même nature, la même manière de vivre? D'ailleurs nous sommes convaincu que le Caucase est habité depuis un temps immémorial par des peuples tous rapprochés les uns des autres. Nous n'en voulons pour preuve que les Arméniens et les Géorgiens, dont les langues accusent une très haute antiquité et ont peu de ressemblance entre elles et avec d'autres langues connues. Généralement ce sont les grandes plaines ou les vastes plateaux qui facilitent l'extension d'un idiome. Quant aux mers et aux rivières, on les a souvent considérées comme des moyens puissants de civilisation, parce qu'elles poussent l'esprit de l'homme aux découvertes, aux inventions, et provoquent son humeur aventureuse. Cet axiome est sans réplique lorsque l'on veut parler des races les mieux douées, qui ont pu réaliser de grands progrès et laisser des traces profondes dans l'histoire. Quant à celles qui, moins favorisées par la nature, ont dû s'arrêter à un degré de culture intellectuelle moins avancé, de simples rivières ont souvent contribué à les tenir encore dans un état d'infériorité. Ceci

(1) *Geogr.*, xi, p. 4, § 6.

n'est pas seulement vrai des populations américaines,
qui ont dû, pendant des siècles, être empêchées de
communiquer entre elles par le sol coupé, déchiqueté,
du nouveau continent, par ses grands lacs et ses rivières
prodigieuses (1); mais encore de quelques tribus de
l'Europe et de l'Afrique. Ainsi, les Tchérémisses, qui habitent sur la rive droite du Wolga, dans les environs de
Kusmademiansk (près de Casan), parlent un langage assez différent de ceux qui habitent sur la rive gauche; de
sorte qu'il leur est difficile de converser ensemble (2).
Dans la Guinée, nous apprenons que, depuis Widah jusqu'à Angola, le langage change à chaque rivière navi-
gable (3). Si, au contraire, il est prouvé aujourd'hui que
les Tschouktschi, qui habitent l'extrémité orientale de
l'Asie, sont le même peuple que celui que nous trouvons
établi sur le bord opposé du détroit de Baring (4), on est
autorisé, jusqu'à un certain point, à admettre que la révolution océanique qui a séparé les deux continents est
d'une date relativement récente. Cependant on distingue les Tschouktschi sédentaires des Tschouktschi nomades, qui se sont réunis aux Corèques, et ont adopté
en partie leur langage, en même temps que leurs mœurs
et leur manière de vivre. Nouvelle preuve, et des plus
convaincantes, que de l'identité de race et d'une origine
commune on ne saurait conclure avec certitude à la parenté des langues de deux peuples.

(1) Cette observation a déjà été faite par M. Alexandre de Humboldt.
(2) *Mithrid.*, IV, p. 233.
(3) *Ibid.*, p. 444.
(4) *Ibid.*, III, 6, 462; IV, p. 250 et suiv.

§ 11. — L'IDENTITÉ DES RACINES ET DU SYSTÈME GRAMMATICAL DANS PLUSIEURS LANGUES PROUVE L'ORIGINE COMMUNE DES PEUPLES QUI LES PARLENT.

Lorsque nous trouvons des peuples qui, séparés par de grandes étendues de terrains, n'en parlent pas moins la même langue ou des langues différentes, mais renfermant les mêmes racines et les mêmes syllabes formatives, nous sommes forcés d'admettre, malgré des modifications profondes que l'éloignement et le temps peuvent avoir fait subir à ces langues, que les peuples qui s'en servent ont vécu autrefois ensemble, se sont gouvernés d'après les mêmes lois, se sont conformés aux mêmes mœurs et usages, se sont mêlés et croisés pendant une série de siècles. Ainsi les Esquimaux, qui habitent le Groënland et Labrador, quoique séparés, par une distance de quelques centaines de lieues et une foule d'autres tribus indigènes, des Esquimaux établis près de Norton-Sund et d'Unalaschka, en Amérique, et sur les bords de l'Anadir (désignés par le nom des Tschouktschi-Esquimaux), en Asie, ont dû néanmoins un jour être réunis à ces derniers, et ne former avec eux qu'un seul peuple, puisqu'ils parlent encore aujourd'hui la même langue (1). Supposer qu'un idiome aussi compliqué que celui des Groënlandais pût se reproduire avec une extrême exactitude sur plusieurs points du globe en même temps, ce serait admettre un miracle qui répugnerait à l'esprit le plus crédule. Ce que nous venons d'affirmer de la peuplade si peu importante des Esquimaux doit s'appliquer à la grande famille des Indo-Européens. Indous, Persans, Germains, Slaves, Pélasges, Grecs, Romains, ont dû, comme nous l'avons dit déjà

_____

(1) *Mithrid.*, IV, p. 251-253.

plusieurs fois, vivre un temps en commun, observer les mêmes usages, et, selon toutes les apparences, avoir un culte semblable. L'identité des radicaux du système syntaxique et grammatical de leurs langues nous conduit forcément à cette conviction. Les antiques légendes des Brahmanes désignent *Uttarakuru* (le petit Thibet) comme leur patrie primordiale, et les recherches philologiques et ethnographiques du siècle semblent confirmer ces traditions vénérables. Les idiomes de la race celtique diffèrent profondément des idiomes parlés par les nations que nous venons d'énumérer ; mais ils s'en rapprochent par quelques côtés d'une manière si sensible que nous ne pouvons nous empêcher de reconnaître que des rapports intimes ont dû exister à des époques antérieures aux temps historiques entre les deux races, et laisser des traces profondes dans leurs langues respectives. Un fait analogue s'était présenté à nous dans l'assimilation du dialecte des Tschouktschi nomades à celui des Corèques (1).

En lisant avec attention ce que nous venons de dire du développement des langues, on restera convaincu avec nous qu'il n'y a pas de pire préjugé que celui d'envisager les causes premières comme des faits simples. Il est évident, pour des hommes qui réfléchissent sérieusement, que toutes les origines sont complexes, que la raison et la civi-

---

(1) Le mélange de deux peuples n'a pas toujours pour résultat la fusion des langues. Un peuple peut être absorbé par une race plus puissante et perdre jusqu'à ce dernier signe de son ancienne nationalité : témoins une foule de petites peuplades *italiennes*, soumises par les Romains. Enfin, des langues peuvent périr entièrement, lorsque les races qui les parlent disparaissent, comme il est arrivé probablement aux aborigènes de l'Europe, et comme il arrivera un jour aux nombreuses tribus indiennes en Amérique, qui diminuent jour par jour, pour ainsi dire, à vue d'œil.

lisation seules ont le pouvoir de niveler et de simplifier.
C'est pourquoi nous nous voyons obligés de placer dans un
avenir encore lointain cette unité de langage qu'on aime
tant à considérer comme le point de départ de l'humanité
au jour de la création; nous pensons même que cette
unité ne pourra jamais être entièrement réalisée. Comme
tout s'enchaîne dans la nature, et par conséquent aussi
dans le langage, qui n'est qu'une fonction naturelle inhérente à l'homme, il a été possible de découvrir les lois
en vertu desquelles des idiomes primitivement identiques
ont pu se diversifier, et aussi les points de contact, les
analogies, qui nous forcent de les rattacher à un centre
commun. Comme il n'y a presque rien d'arbitraire dans
le système d'un idiome même peu civilisé, les peuples les
plus sauvages ne cesseront jamais de trahir leur origine,
leur parenté, par leur grammaire et bon nombre de traits
caractéristiques. Témoin les Ossètes, tribu caucasique,
qui ne se doutent pas, à coup sûr, qu'ils ne sont que
des Indous égarés près de la mer Caspienne. S'il en est
ainsi des peuples sauvages, à plus forte raison les langues des nations civilisées conservent-elles dans leurs
productions littéraires, dans leurs monuments, la trace
des lentes dégradations par lesquelles elles se sont éloignées de l'idiome primitif. Si, par conséquent, nos recherches nous prouvent qu'il existe des centaines de langues
entre lesquelles il est impossible d'établir des rapports
intimes, des analogies certaines, la science doit se déclarer incompétente lorsqu'il s'agit de ramener la multiplicité de tous les idiomes du globe à une unité absolue.
Aussi, quelque haut que nous puissions remonter dans les
traditions de l'histoire, nous rencontrerons toujours plusieurs points habités par des hommes d'origines et de langues différentes. Ces langues, toutefois, ont été partout,

d'après toutes les apparences, d'abord *monosyllabiques*. Mais les monosyllabes n'ont pu être partout les mêmes : au contraire, ils ont dû différer de tribu à tribu, peut-être quelquefois de famille à famille. Le développement ultérieur des idiomes variait sans doute suivant le sol, le climat, l'organisation physique et intellectuelle de ces races primitives. Peu de langues parcourent *complétement* toutes les phases, et prennent toutes les formes que puisse affecter la pensée humaine, reproduite par la parole. Quant à ceux qui voudraient faire dériver l'immense variété de langues et de dialectes de notre race d'*une* seule langue connue, que ce soit l'indou, l'hébreu ou toute autre, leur opinion est de celles que la science moderne n'a plus besoin de réfuter. La question de ce qu'on appelle vulgairement la dispersion des langues ne présente point de difficultés sérieuses. Rien de plus dispersé en effet que les idiomes qui devaient se parler sur notre globe à une époque peu avancée de l'humanité. Plus tard, avec la naissance des premières civilisations, nous voyons souvent la même langue parlée sur une vaste étendue de terrain ; puis nous voyons ces vastes agglomérations de peuples se dissoudre et leurs langues se diversifier, sans toutefois perdre les traces d'une identité primitive.

§ 12. — AVENIR PROBABLE DES LANGUES MODERNES.

Les langues indo-européennes ayant suivi un mouvement, ou circulaire, ou semi-circulaire, on peut se demander à quel point ce mouvement s'arrêtera, ou bien s'il recommencera en sens inverse ; en un mot, nos langues, ayant été décomposées par l'analyse, se fortifieront-

elles dans l'état où elles sont arrivées, ou tendront-elles
vers une synthèse nouvelle ? Nous avons tâché de répondre ailleurs à cette question ; aussi nous proposons-nous
seulement de présenter quelques observations, qui nous
permettront de nous former une opinion sur l'avenir de
nos langues. La synthèse nouvelle que l'on nous promet ne serait
possible qu'autant que le lien qui unit incessamment
dans notre race le passé au présent viendrait à se rompre,
et que, les facultés de la raison humaine s'affaiblissant
de plus en plus, celle-ci perdrait l'admirable clarté avec
laquelle elle perçoit aujourd'hui et les lois de l'univers,
et celles des langues, et les siennes propres. Il faudrait
admettre en outre que la grammaire eût cessé d'être ensei-
gnée ; que l'art de l'imprimerie fût tombé dans un oubli
profond, et que les ténèbres d'une barbarie plus générale et plus terrible que celle de l'époque des migrations
couvrissent tout notre globe. Encore est-ce une question de savoir si notre race, revenue ainsi à la condition
objective des premiers siècles et au règne de l'instinct
pur, pourrait retrouver toute cette puissance créatrice à
l'aide de laquelle elle avait fondé les systèmes de langues
les plus admirables. Rien n'est moins certain que cette
supposition. Loin de nous toutefois d'admettre l'immobilité des formes syntaxiques et de la construction dans nos
langues actuelles. Loin de nous aussi la prétention exces-
sive de prescrire ou seulement de prédire, d'une manière
précise, la marche qu'elles prendront dans l'avenir. Toutefois, s'il nous était permis de donner place ici à notre pensée entière, et même à nos craintes, nous dirions que la
situation actuelle nous paraît encore tolérable ; mais nous
augurons mal de l'inefficacité relative de l'éloquence ju-
diciaire et parlementaire pour l'avenir des langues. Que

l'on songe à leur action dans l'antiquité; que l'on réflé-
chisse à l'indifférence, tous les jours plus sensible, pour
les charmes d'une conversation instructive, élevée, élé-
gante, pour les plaisirs raffinés de l'esprit, pour tout travail
de la plume, de la pensée ou de la parole, dont l'utilité
pratique ne soit pas immédiatement démontrable et ne
puisse être calculée par des chiffres, et que l'on ose encore
nourrir un « long espoir ! » Si le mercantilisme est destiné
à envahir un jour toutes les classes de la société, nous ne
serions pas étonné que nos langues prissent enfin, peut-
être seulement après des siècles, la forme qu'elles revêtent
déjà aujourd'hui dans les dépêches télégraphiques des
industriels. Par mesure d'économie, les phrases y sont
représentées seulement par quelques mots, qui en indiquent pourtant très clairement le sens. Cette abréviation,
fort utile sous bien des rapports, appliquée à toutes les
formes du langage, en le dépouillant de tout ornement et
de tout charme poétique, loin de nous faire rivaliser avec
la Grèce, nous ramènerait d'abord en Chine, et inaugu-
rerait la décadence des idiomes de notre hémisphère.

Il ne paraît donc pas que de longtemps on puisse assigner un terme au travail de l'analyse. Mais, dans ce travail, quelles sont les langues qui joueront le premier rôle
et qui semblent destinées à réunir dans les liens de la
fraternité tous les peuples de la terre? Ces langues sont
l'anglais et le français. Elles ont été plus particulièrement façonnées par l'influence manifeste de ce travail,
et elles sont merveilleusement organisées pour exprimer
toutes les idées nouvelles que l'industrie et la science font
éclore journellement. L'esprit de l'homme prenant tous
les jours des allures plus analytiques, ces deux langues
sont celles que l'on parle et que l'on apprend de préférence et avec le plus de facilité. Qui voudrait soutenir,

par exemple, que la langue anglaise n'a pas devant elle un immense avenir? Quelle serait la langue destinée à la remplacer? Mais, si un jour elle doit se répandre sur la plus grande partie du globe, il y a lieu d'espérer que la langue française sera sa fidèle compagne, comme le grec, jadis, le fut du latin. L'espagnol et le portugais semblent, momentanément, tenir le troisième rang; mais la civilisation méridionale de l'Amérique nous paraît bien menacée par la civilisation des fils entreprenants de la république du Nord. Les idiomes slaves aussi ont un grand avenir; l'allemand proprement dit et l'italien sont peut-être plus exposés à être absorbés par les langues parlées des races plus fortes entre lesquelles ils se trouvent resserrés.

Nous ne voudrions blesser la susceptibilité d'aucune nation, et nous pensons sérieusement que toutes nos langues modernes dureront longtemps. L'esprit humain, arrivé à toute sa clarté, à la connaissance de lui-même et de ses propres lois, a une puissance de conservation au moins aussi grande que l'instinct qui a maintenu intactes pendant quatre mille ans les langues de la Chine et de l'Égypte. La raison étant le grand principe, l'idéal que l'humanité s'efforce de réaliser de plus en plus dans l'organisation de la société, les langues qui seront l'expression la plus exacte de cet idéal semblent être faites pour défier les siècles. Mais, puisqu'il ne saurait y avoir d'immobilité absolue, l'analyse, à force de les creuser et de les simplifier, desséchera et minera ces idiomes. Ils n'échapperont pas alors au sort de tout ce que le temps enfante, et, par leurs dernières évolutions, ils rejoindront le point d'où ils étaient partis, il y a des milliers d'années. dans « la cité vagissante ».

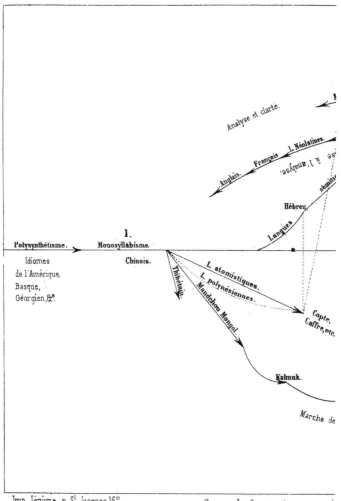

Analyse et clarté.

Anglais. Français. L. Néolatines.
lyse à l'analyse.
sémiti

Hébreu

Langues

Polysynthétisme. 1. Monosyllabisme.

Idiomes Chinois.
de l'Amérique,
Basque,
Géorgien, &ᵃ.

Thibétain. L. atomistiques.
L. polynésiennes.
Mandchou Mongol.

Copte,
Caffre, etc.

Kalmuk.

Marche de

TION ET LA MARCHE DES LANGUES.

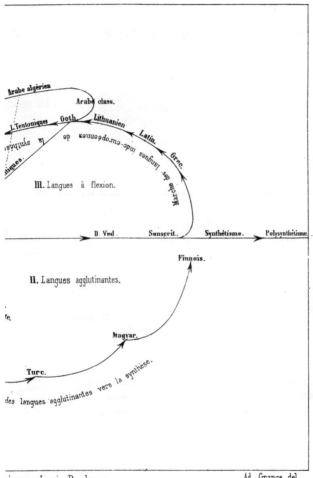

ée, par Louis Benloew.

Ad. Orange del.

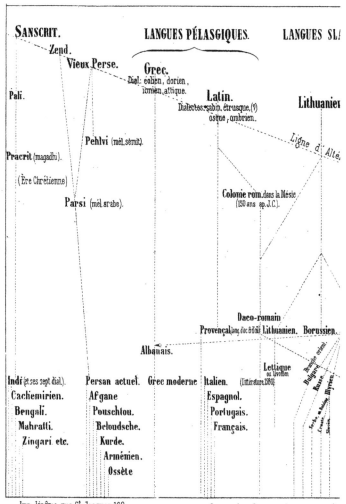

Sanscrit.

Zend.

Vieux Perse.

Pali.

Grec.
Dial: éolien, dorien, ionien, attique.

LANGUES PÉLASGIQUES.

LANGUES SL

Latin.
Dialectes: sabin, étrusque, (?) osque, ombrien.

Lithuanie

Ligne d'Alté

Pehlvi (mêl. sémit).

Pracrit (magadhi).

(Ère Chrétienne)

Parsi (mêl. arabe).

Colonie rom. dans la Mésie (150 ans ap. J. C.).

Daco-romain

Provençal lang. d'oc & d'oïl **Lithuanien. Borussien.**

Albanais.

Lettique ou livonien

Indi (et ses sept dial).   **Persan actuel.**   **Grec moderne**   **Italien.** (Littérature,1580).

Cachemirien.   **Afgane**   **Espagnol.**

Bengali.   **Pouschtou.**   **Portugais.**

Mahratti.   **Beloudsche.**   **Français.**

Zingari etc.   **Kurde.**

Arménien.

Ossète

Bulgare orient.
Russe.
Serbe et Boher.
Croate et Bohim.
Slovén.
Illyrien.

Imp, Jérôme, rue S.t Jacques,162.

Cours de Grammaire comparée

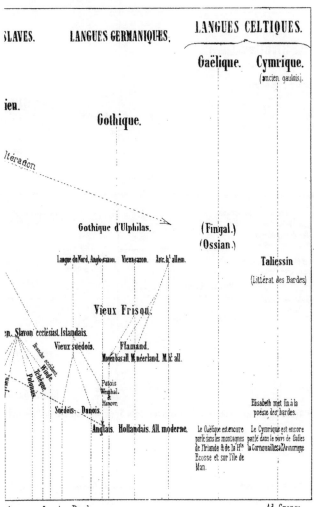

LAVES. LANGUES GERMANIQUES. LANGUES CELTIQUES.

Gaélique. Cymrique.
(ancien gaulois.)

ieu.

Gothique.

Ilération

Gothique d'Ulphilas. (Fingal.)
(Ossian.)

Langue du Nord, Anglo-saxon. Vieux-saxon. Anc. h. allem. Taliessin
(Littérat. des Bardes)

Vieux Frison.

n. Slavon ecclésiast. Islandais.
Vieux suédois. Flamand.
Moyen bas all. M. néerland. M. h. all.

Bohème occident.
Wende.
Tchèque.
Polonais.

Patois
Wesphal.
&
Hanovr. Elisabeth met fin à la
Suédois. Danois. poésie des bardes.

Anglais. Hollandais. All. moderne. Le Gaélique est encore Le Cymrique est encore
parlé dans les montagnes parlé dans le pays de Galles
de l'Irlande & de la H.te la Cornouailles & l'Armorique.
Écosse et sur l'île de
Man.

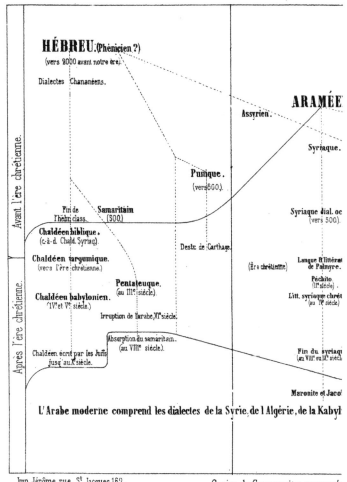

HÉBREU.(Phénicien ?)

(vers 2000 avant notre ère).

Dialectes Chananéens.

ARAMÉE

Assyrien.

Avant l'ère chrétienne.

Syriaque.

Punique.
(vers 600).

Fin de l'hébr. class.

Samaritain (500.)

Syriaque dial. oc (vers 500).

Chaldéen biblique.
(c.-à-d. Chald. Syriaq).

Destr. de Carthage.

Chaldéen targumique.
(vers l'ère chrétienne.)

(Ère chrétienne)

Langue & littérat de Palmyre.

Après l'ère chrétienne.

Pentateuque.
(au IIIe siècle).

Chaldéen babylonien.
(IVe et Ve siècle.)

Irruption de l'arabe, VIe siècle.

Péchito.
(IIe siècle).

Litt. syriaque chrét
(au IVe siècle)

Absorption du samaritain.
(au VIIIe siècle).

Chaldéen écrit par les Juifs jusq'au Xe siècle.

Fin du syriaq
(au VIIIe ou IXe siècle)

Maronite et Jaco

L'Arabe moderne comprend les dialectes de la Syrie, de l'Algérie, de la Kabyl

Imp. Jérôme, rue St Jacques, 162.

Cours de Grammaire comparé

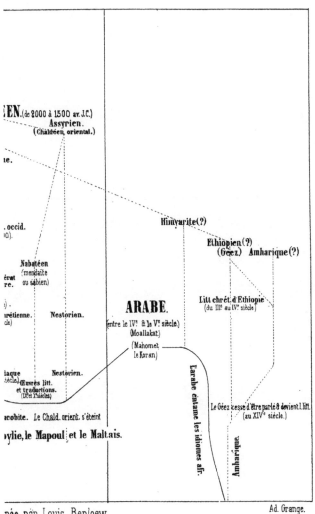

EN.(de 2000 à 1500 av. J.C.)
Assyrien.
(Chaldéen, oriental.)

le.

. occid.
0).

Nabatéen
(mendaïte
ou sabien)

Himyarite(?)

Ethiopien(?)
(Géez.) Amharique(?)

érat
re.

).
irétienne.
cle)

Nestorien.

ARABE.
(entre le IVᵉ & le Vᵉ siècle.)
(Moallakat)
(Mahomet,
le Koran)

Litt.chrét.d'Ethiopie
(du IIIᵉ au IVᵉ siècle)

iaque
siècle)
(Œuvres litt.
et traductions.
(IXᵉ et Xᵉ siécles)

Nestorien.

icobite. Le Chald. orient. s'éteint

L'arabe entame les idiomes afr.

Le Géez cesse d'être parlé & devient l.litt.
(au XIVᵉ siècle.)

ylie, le Mapoul et le Maltais.

Amharique.

rée, par Louis Benloew.

Ad. Grange.

CERCLE PHONÉTIQUE.

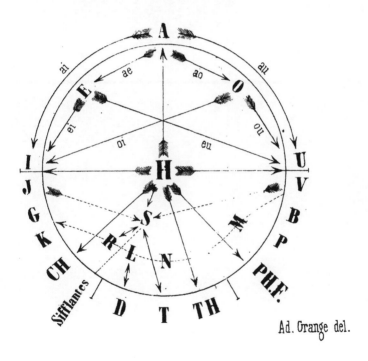

Ad. Orange del.

I. — DE L'ONOMATOPÉE.

LU A L'ACADÉMIE DES INSCRIPTIONS ET BELLES-LETTRES EN OCTOBRE 1860.

L'onomatopée a été considérée souvent comme le véritable point de départ du langage humain. Les premières générations de la race nous sont présentées dans cette hypothèse comme étant douées d'une intelligence créatrice au-dessus de tout ce que nous pouvons imaginer, nous, hommes du dix-neuvième siècle; d'un instinct aveugle, mais heureux, grâce auquel elles ne reproduisaient pas seulement les sons et les bruits de la nature inanimée, le murmure des rivières, le sifflement de la tempête, le fracas du tonnerre ou bien les cris des animaux, comme le rugissement du tigre, le hennissement du cheval : elles seraient allées plus loin. Elles auraient formé à peu près tous leurs premiers mots exprimant leurs premiers besoins et leurs premiers sentiments sur le moule même de la nature et de la vérité. Cette vue hardie et singulière est partagée par bien des esprits distingués de notre époque; mais elle avait surtout de quoi séduire les philosophes du siècle passé, qui, peu initiés aux arcanes de la gram-

7

maire générale et embarrassés d'expliquer l'origine
du langage, étaient dispensés ainsi de recourir à la
doctrine de l'intervention directe de la Divinité, telle
que la concevait et la soutenait, il n'y a pas bien longtemps, Mgr de Bonald. De libres penseurs, dont les
traditions ne sont pas encore perdues, se refusant à
attribuer à notre race une origine différente de celle
des êtres organisés qui nous entourent, et même de
la matière inerte, adoptèrent avec empressement
une idée qui tout d'abord paraissait rapprocher
l'homme de la brute. D'après eux, ce ne fut que par
un concours de circonstances favorables, par quelque heureux hasard, et par les efforts de quelques
hommes éminents, que nos premiers pères, après des
centaines d'années, seraient sortis d'un état supérieur
sans doute à celui des animaux, mais inférieur à
celui de bien des peuplades sauvages de l'ancien et
du nouveau monde.

Ce n'est pas avec des raisons empruntées à la philosophie où à la religion que nous allons combattre
des théories qui, c'est un fait bien avéré aujourd'hui;
sont de la compétence des seuls philologues. Nous
laisserons parler les faits, c'est-à-dire nous examine-
rons les langues ; elles seules peuvent nous apprendre le rôle que joue l'onomatopée dans leur organisme si vaste et si complexe.

Commençons par un idiome dont l'état rudimentaire semble indiquer qu'il s'est peu éloigné de la
forme qu'il avait dès les premiers jours de son exis-

tence. Nous voulons parler du chinois. Ses mots sont
tous des monosyllabes, dans lesquels on chercherait
vainement les restes de mots anciennement plus
étendus. Si l'on peut espérer rencontrer des onomatopées, ce sera évidemment dans une langue qui a si
peu varié que le chinois, où tout nous reporte vers
les premiers efforts de la voix humaine, vers les
premiers essais d'une intelligence qui est encore
comme étonnée d'elle-même. Eh bien! aucune langue
ne renferme peut-être si peu d'onomatopées que la
langue chinoise. Il y en a pourtant, par exemple
meou, mugissement du bœuf. Mais qui oserait reconnaître des sons imitatifs dans les mots tels que :
ta-ye, sangloter, *ta-tchao*, siffler, *ta-peu* ou *ta-ty*, éternuer, *ta-ho*, bâiller, *ta-hou*, ronfler? Sans doute les
Chinois furent déterminés à la création de leurs premiers mots par la nature de leurs organes phonétiques. Il faut tenir compte aussi de l'esprit positif de
cette race rebelle à l'image et ennemie de toute poésie élevée. S'il y a donc eu à l'origine un lien entre
les impressions produites par la nature sur l'âme des
premiers Chinois et les sons par lesquels ils les reproduisaient, il faut avouer que ce lien nous échappe
aujourd'hui entièrement. Si l'on voulait absolument
en trouver quelque trace, il faudrait probablement
recourir à des considérations d'une physiologie tellement subtile, qu'en réalité nous n'exagérons rien en
affirmant que, pour nous, il n'existe pas. La langue
chinoise apparaît à nos yeux comme l'œuvre d'une

convention non préméditée (ξυνθήκη, Aristot.), s'il
est permis de s'exprimer ainsi ; — car il ne saurait
être question ici des décrets d'une Académie — et
les mots ont été par conséquent pour les premiers
Chinois exactement ce qu'ils sont pour nous, non le
calque, mais les *signes* des idées.

L'impression que nous recevons en jetant un coup
d'œil sur une liste de racines coptes, hébraïques et
sanscrites, différera sans doute de celle que produit
sur nous l'inspection de la table phonétique d'un
lexique chinois ; mais là encore les onomatopées
n'apparaîtront que de loin en loin ; et ceux qui voudraient en faire la base des idiomes parlés jadis dans
l'Egypte, l'Inde et la Palestine, seront bien forcés de
confesser leur erreur.

A coup sûr les Aryas avaient été mieux traités par
la nature que les premiers Chinois. Les organes de
la voix étaient plus robustes chez eux ; la double
consonne ne les arrêtait pas. Les sons les plus riches,
les plus sonores, les plus diversement combinés leur
étaient permis. Ils jouissaient de l'imagination la plus
puissante, la plus féconde qui jamais eût été départie
à aucune race, et cependant, pour exprimer leur
pensée, il ne paraît pas qu'ils aient eu recours souvent à l'onomatopée. Au moins peut-on affirmer que
toutes les preuves du contraire nous échappent. Si
des sons qui n'étaient pas encore des mots ont existé
chez eux, s'ils ont été employés longtemps, ils n'ont
trouvé aucune place dans le langage des Védas, dans

le langage classique des Brahmanes et dans le dictionnaire sanscrit. C'est à peine si dans ce dernier
nous rencontrons çà et là quelques racines, comme
vâ souffler, *bhram* bruire (lat. *fremere*), *kshi* et *kshut*
couper, *sphurj* chasser, rompre, tonner, *sphut*, sauter
par éclat, fendre, etc., etc. Mais l'immense majorité
de ces corps simples de la langue sanscrite sont
constitués de façon à ne laisser deviner à personne
leur sens et leur valeur primitive.

L'onomatopée est plus fréquente dans les langues
classiques, notamment en grec, quoique là encore elle
tienne fort peu de place. Si le son βου ou βο a 'été
choisi par les premiers Grecs pour exprimer des cris
confus, ce son se transforme, se spiritualise pour
ainsi dire et s'ennoblit dans le substantif abstrait βοή,
dans le verbe βοᾶν et dans le nom concret βοῦς (le
bœuf). Assurément personne, en Grèce, en se servant
de ce dernier terme, ne se souvenait plus de son origine. Mais cette origine elle-même, proposée par
Heyse, n'est peut-être pas bien sûre. Si elle l'était, elle
renverserait l'étymologie donnée par d'autres linguistes allemands, qui considèrent le mot βοῦς comme
une variante du sanscrit *gô*. Les langues indo-européennes fournissent des exemples d'onomatopées plus
certaines et plus frappantes.

Nous ne nous arrêterons pas à citer des verbes tels
que τρίζω, στρίζω (d'où vient στρίγξ, chouette); mais
personne à coup sûr ne voudra distraire l'allemand
Krœhe (corneille) de la racine *kra* (gr. κρώζειν, κράζειν,

lat. *crocire*, compar. le gr. κόραξ). Citons encore :
all. *kukuk*, κόκκυξ, lat. *cuculus;* all. *Uhu*, *Eule*, anc.
all. *Uwila*, *ûla*, lat. *ulula;* le vb. *ululare*, gr. ὀλολύζειν,
all. *heulen* (1).

Mais ce sont les idiomes teutoniques surtout qui
se distinguent par une richesse de termes descriptifs,
à laquelle n'atteint certainement aucune de nos langues civilisées. Remarquons-le bien, la plupart de
ces termes sont de date récente. Nous ne nommons
que *krœhen*, *krachen*, *krœchzen*, *knallen*, *rauschen*,
brausen, *sausen*, *rieseln*, *zischen*, *rasseln*, *sœuseln*,
schwirren, *brüllen*, *pfeifen*, etc. Ces termes peuvent
être d'un secours précieux en poésie, lorsque celle ci
veut frapper vivement les sens par l'imitation des
bruits et des sons naturels. Toutefois on sait aussi
que le but le plus élevé de la poésie n'est pas de reproduire minutieusement la nature et la réalité,
mais de représenter les idées (τὰ καθ᾽ ὅλου, Aristot.,
Poét.). Or, la poésie qui peint, la poésie descrip-
tive, pour la nommer, appartient aux civilisations
artificielles et surannées. Tel est le genre dans
lequel les poëtes allemands se sont complu et ònt
excellé; et les plus populaires d'entre eux, comme
Bürger et Gœthe, ne se sont pas fait faute d'employer, en mainte occasion, des onomatopées et
même d'en créer de nouvelles. C'est que les hommes
d'un monde vieilli et fatigué de lui-même se retour-

(1) *Lehrgebaüde*, p. 182.

nent avec un regret empressé vers la simplicité de la
nature dont ils voudraient reproduire les charmes
naïfs. Il n'en était pas de même de nos premiers
pères, désireux de se dégager des entraves dont
cette nature les enveloppait, de s'élever au-dessus
d'elle et, finalement, de se replier sur eux-mêmes et
sur leur propre pensée.

Beaucoup de mots dans les langues modernes ne
sont des onomatopées qu'en apparence, comme les
mots allemands *blitz* (la foudre) de la racine angl.-
sax. *blican* (briller), *donner* (le tonnerre), anc. all.
donar, lat. *tonitru*, de la rac. *tan*, gr. τείνειν. De cette
racine viennent également τόνος, all. *ton;* lat. *tonare*,
all. *donnern* et *tœnen*. On voit par ces deux exemples
que les harmonies imitatives que nous rencontrons
quelquefois dans nos langues ne remontent pas toujours aux premiers temps et qu'elles sont souvent le
résultat du travail incessant des générations, modi-
fiant et transformant les sons, jusqu'à ce qu'ils soient
adéquates à l'impression qu'ils sont destinés à reproduire d'une manière pour ainsi dire palpable. Un
dernier argument pour convaincre d'erreur ceux qui
voudraient faire sortir le vaste système d'une langue
d'une série d'onomatopées plus ou moins habilement
choisies, c'est l'isolement où se trouvent ces onomatopées au milieu de ce système. En effet, elles sont
en général infécondes, sans liaison intime avec la
grande majorité des mots de la langue et n'appor-
tent à son vocabulaire aucune richesse véritable.

Nous pouvons en inventer, et en réalité nous en inventons tous les jours ; mais nous sommes incapables de créer aucunes racines significatives et fécondes. C'est tout au plus si, pour retremper et rajeunir nos langues vieillissantes, il nous est permis d'y ramener, sous la forme de l'archaïsme, les termes oubliés d'un âge plus poétique.

Les observations précédentes, appliquées aux seules langues japhétiques, ne rencontreront guère de contradicteurs sérieux. Il est vrai que nous prétendons les étendre aux idiomes sémitiques ; et c'est ici que nous nous trouvons en lutte ouverte avec nombre de linguistes, qui soutiennent que dans ces idiomes l'onomatopée règne et déborde. Or, la fréquence de l'onomatopée est un des signes auxquels se reconnaissent les langues imparfaites et les races inférieures. Il répugne à ces savants d'admettre que le pays qui renferme les tombes d'Abraham et de Moïse, qui a donné le branle à la plus grande révolution qui se soit jamais accomplie au sein de l'humanité, et dont l'impulsion puissante se sent jusque dans l'islamisme, ce judaïsme fanatisé (c'est ainsi que Hégel avait coutume d'appeler cette religion, qui est toute la civilisation des populations africaines) ; il leur répugne d'admettre que ce pays puisse entrer en parallèle avec les contrées fortunées où régnait depuis les plus anciens temps un panthéisme savant, poétique et immoral. Les langues de Sem, à les entendre, ont la fibre plus grossière et plus matérielle. Elles sont

propres à exprimer les emportements des sens, mais
non pas les enchantements d'une imagination d'ar-
tiste ou les raffinements d'une pensée philosophique ; et voilà pourquoi il faut que l'hébreu soit rem-
pli d'onomatopées. A cela il n'y a qu'une objection à
opposer : c'est que cette assertion ne soutient pas
l'examen, et se réfute complétement par les faits.
Nous trouvons, en vérité, dans cet ancien idiome
une série de mots que le génie de la langue s'efforce
de rendre imitatifs en accumulant des sons rudes et
gutturaux. Nous citerons notamment une série de verbes signifiant *fendre, déchirer, couper, crier,* par exemple : *hharat, hharatz, hharash* (χαράσσω), etc.; *katzatz,*
katzar, etc. ; *kara',* etc., etc. On y peut joindre des
verbes tels que : *nabahh* (aboyer), *naphahh* (souffler),
naphatz (briser), *nadahh* (heurter), *naham* (grogner),
qui, à l'état monosyllabique et lorsqu'ils n'étaient
pas encore pourvus de la lettre servile (*n*) par
laquelle ils commencent, étaient autant de sons descriptifs de l'action qu'ils semblent vouloir peindre.

Cependant il ne faudrait pas aller trop loin. Les
Sémites étaient une race fortement trempée, facilement portée aux extrêmes et exprimant vigoureusement des impressions profondément ressenties. C'est
pourquoi dans quelques-uns de leurs idiomes, et notamment en hébreu, les aspirées, les sifflantes et les
gutturales abondent. Mais ces consonnes dures et
criardes pour nous sont employées souvent dans des
mots exprimant, ou des idées indifférentes, ou même

des sensations agréables. Citons seulement *lakahh* (prendre), *halac'* (marcher), *karab* (s'approcher), *karahh* (polir), *tzaa'r* (être petit), *kar* (calme, froid), *tzaphah* (resplendir), *tzaphahh* (étendre), *katar* (sentir bon), et même · *rak* (délicat), *rahham* (aimer), *a'reb* (doux).

D'autres fois des actions violentes sont rendues par des sons dont la douceur ne fait pas soupçonner la signification. Par exemple : *badad* et *badal*(séparer), *bala'* (dévorer, ruiner), *bara*, *barah* (tailler, couper, manger), et notamment *daphah* et *hadaph* (frapper, tuer), *ko* (cracher), que les langues classiques traduisent par une onomatopée : gr. πτύειν, lat. *spuere*.

Qu'est-il besoin de preuves nouvelles? Un des premiers sémitistes de notre siècle, Gésénius (1), était frappé, comme nous le sommes nous-mêmes, de l'*étonnante rareté* de sons imitatifs que renferme la langue hébraïque. Il en cherchait la cause dans la régularité uniforme avec laquelle les voyelles sont distribuées dans le verbe, dans la constitution identiquement la même de presque tous les radicaux, et dans la raison presque réfléchie de ceux qui, selon lui, auraient dirigé le développement du langage primitif. Un examen attentif du vacabulaire sémitique démontre que le nombre de ces onomatopées est évidemment supérieur à celui du chinois, mais bien inférieur à celui du grec, du latin et surtout des

(1) Adelung, *Mithrid.*, tome I, p. 515.

langues teutoniques. Nous n'en voulons tirer aucune conclusion défavorable pour les idiomes japhétiques; seulement nous voulons mettre le lecteur en garde contre des esprits trop systématiques, toujours prêts à chercher et à trouver dans les faits mal étudiés les preuves de leurs idées préconçues.

Nous savons fort bien qu'il y a des idiomes où l'onomatopée a joué un rôle considérable. Le mandchou peut nous servir ici d'exemple. Tous les bruits, tous les cris y sont exprimés par des sons habilement nuancés et d'ordinaire redoublés. On y emploie *tshang tshing*, pour le carillon des cloches : *tang tang* et *tang ting*, pour le bruit du fer battu ; *kaka kiki* ou *kiki kaka*, pour les éclats de rire (lat. *cachinnus*); *tuk tuk*, pour les battements du cœur. *Takta takta*, y signifie sautillant ; *lang lang*, négligemment : *lu lu*, petit homme, etc. (1). Mais on se tromperait si l'on croyait que les formes singulières que nous venons de citer constituassent la base de la grammaire et le fond du dictionnaire mandchou. Le mandchou est une langue entièrement distincte du chinois; mais ce qui l'en rapproche d'un autre côté, c'est que, malgré un certain caractère de synthèse qui lui est propre, on y retrouve encore le monosyllabisme, pour ainsi dire à fleur de terre.

Si nous excluons l'onomatopée des éléments essentiels qui ont concouru à la formation du langage

(1) Adelung, *Mithrid.*, tome I, p. 515.

primitif dans les races humaines qui nous intéres-
sent le plus, Egyptiens, Chinois. Sémites, Japhétides, nous ne prétendons pas nier que, par un travail d'art et d'instinct à la fois, ces races ne se soient
efforcées de rendre le son de plus en plus adéquate
à la pensée, et de l'y refléter, quoique très-incom-
plétement, comme dans un miroir. Ce sont les Indo-
Européens qui, en possession des idiomes les plus
harmonieux et les plus flexibles, ont été particulièrement heureux dans ce *symbolisme* des sons de la
voix humaine. Nous abordons ici un sujet délicat et
dont nous connaissons tous les périls. Aussi nous
bornerons-nous à quelques observations générales
pour éviter l'écueil des théories, impossibles à fon-
der, selon nous, en pareille matière.

Tous ceux qui ont lu quelques pages de sanscrit
ont dû être frappés comme nous de la fréquence
avec laquelle revient la voyelle *a*. En effet, c'est
la voyelle que l'homme prononce le plus naturellement en ouvrant la bouche, la voyelle par excel-
lence, ainsi qu'on l'a nommée, la voyelle *objective*,
comme diraient les philosophes allemands. Elle
s'échappe sans effort des lèvres de l'enfant; elle est
en même temps la voyelle la plus noble, la plus délicate, celle qui se détériore le plus facilement; c'est
pourquoi, dans les langues moins primitives que le
sanscrit, les voyelles brèves *e* et *o* finissent par occu-
per tout le terrain abandonné par elle. L'*u*, qui naît
sur les lèvres et qui est le son le plus bas parmi les

voyelles, exprime la sensation de la répugnance, de l'effroi, de la terreur ; il désigne ce qui est obscur, terne, caché. L'*i*, au contraire, qui s'échappe du gosier, dont lé son est le plus élevé, exprime l'aspiration, le désir, toute sensation intime et intense. Il marque le mouvement rapide et pénétrant, comme la force et la pointe des chòses. Les autres voyelles peuvent être considérées comme des sons intermédiaires, tels que *e* et *o*, ou bien encore comme des combinaisons des trois voyelles primitives, *a*, *i* et *u* (1).

Heyse ne se fait pas illusion sur ce qu'il y a de hasardé dans la signification qu'il attribue aux voyelles. Il reconnaît que la langue, à mesure qu'elle se pénètre davantage du travail de la pensée, abandoune ces points de vue trop matériels et fait des voyelles un usage plus libre (2). C'est ainsi qu'en allemand le mouvement des voyelles exprime la flexion des verbes forts (*ich binde*, *ich band*, *gebunden*).

Si la langue n'a pas créé ses mots au hasard, les cousonnes comme les voyelles doivent avoir leur valeur symbolique et répondre à certains ordres de

---

(1) M. Jacob Grimm, pour en mieux faire ressortir la physionomie, compare l'échelle des sons à l'échelle des couleurs. Pour lui, *a*, c'est le blanc ; *i*, le rouge ; *u*, le noir ; *e*, le jaune ; *o*, le bleu. Les diphthongues *ei* et *iu* seraient l'orangé et le violet ; *ai*, le rose ; *au*, le bleu de ciel.

(2) Heyse, *Gramm. comp.*, p. 80.

sensations et d'idées. Heyse prétend que le contraste entre les termes interrogatifs et démonstratifs est exprimé généralement par celui que font les sons du gosier avec les dentales (d'un coté : sansc. *ka*, *kas*, lat. *quis*, *qualis*, *quantus*, gr. κῶς, κόσος, κοῖος; et de l'autre : sanscr. *ta*, *tas*, lat. *talis*, *tantus*, grec τός, τό, all. *der*, *die*, *das*). Il le retrouve non-seulement dans les langues japhétiques mais encore dans les idiomes tatares (esthonien *kes*, syriénique, *kody*, tchérémisse *kü*, dont les démonstratifs correspondants sont : esth. *se* et *to* (celui-ci, celui-là) : syrien. *syja*, *taja*, tchér. *sida*, *tyda*. C'est ainsi qu'au turc *kim* répondent les prénoms démonstratifs *bou* (celui-ci) et *chou* (celui-là). Dans les langues sémitiques l'interrogation est exprimée par un *m*, par exemple : *mi* (qui) et *mah* (quoi). On le voit, la règle de Heyse ne trouve son entière application que dans les langues japhétiques.

Lorsque ce linguiste prétend que le sujet parlant ou pensant est très-distinctemeut exprimé par des sons qui viennent du gosier (all. *ich*, lat. *ego*, chinois *ngo*), il oubli que les formes allemandes, latines, grecques, etc., du pronom de la première personne ne sont que les modifications du sanscrit *aham*, mot dans lequel, comme il a été prouvé par d'autres linguistes distingués, l'*a* seul exprime la personne. Mais il n'en est pas moins vrai que les langues plus jeunes ont nuancé d'une manière très-intelligente la forme sanscrite et l'ont rendue plus expressive.

D'après Heyse, les labiales indiqueraient l'activité

des lèvres elles-mêmes, tel que souffler, lat. *flare*,
gr. ψύχειν, héb. *naphahh*, lat. *spuere*, gr. πτύειν, héb.
sâphak; puis l'action de jeter : gr. βάλλειν, all. *bal-
len;* celle de lier, de ramasser, d'empaqueter : all.
binden, packen; puis l'approximation : lat. *apud*, gr.
ἐπί, all. *bey*, hébr. *bo* (venir), *b'* (près de, dans); et
puis l'étendue : lat. *pandere*, all. *breite; platte*, gr.
πλατύς, all. *blatt*.

Les dentales et lingales marquaient démonstra-
tion : gr. δείχω, lat. *dico, indico, digitus;* puis un em-
pêchement, un arrêt, gr. δεσμός, στάσις, lat. *tenere,
domare*, gr. δαμᾶν, etc., all. *damm* (la digue). Elles
se combinent souvent avec *s* dans le lat. *stare*, les
mots allemands : *stehen, stellen, stemmen, stumm*, etc.

Les consonnes palatales indiquent ce qui est béant,
creux, voûté : gr. χαίνειν, lat. *hiare*, all. *klaffen;* gr.
κοῖλον, lat. *cavum*, all. *kelle, keller*, etc.; ce qui renferme, couvre, cache; gr. κύειν, κεύθειν, lat. *cutis,
casa*, gr. σκῦτος, lat. *scutum*, etc.

Les sifflantes et les liquides, toujours d'après
Heyse, exprimeraient le mouvement : lat. *volare,
vehere, venire, via*. *V* répondrait surtout au mouvement agité, à la vie (lat. *vivum, vivo*) et au vide
(lat. *vacuum*); *f* au mouvement qui effleure et qui
touche (all. *fegen, feilen, fassen, fangen*); *s* sert à
former des onomatopées : all. *sausen, sœuseln, sum-
men*, puis il marque le mouvement violent : all. *see*
(la mer), lat. *sero* (semer). *L* et *r* servent à désigner
le mouvement de l'eau. Ce mouvement à quelque

chose de plus doux et de plus suave lorsqu'il est
rendu par *l* (τὰ λεῖα, τὸ λιπαρὸν καὶ τὸ κολλῶδες,
d'après Platon) (1), comme dans le sanscr. *li* (fondre); gr. λεῖον, lat. *leve, fluere,* couler. Joint à *g, k,*
s, l indique tout ce qui est doux, glissant : gr.
γλυκύ, γλισχρόν, all. *schlange* (serpent). — *R* marque le
mouvement de la rivière qui murmure et retentit :
gr. ῥέω, all. *rinnen;* le mouvement rotatoire : all.
rad, rund, lat. *rota, rotundus;* le mouvement de la
parole, semblable à celui des vagues : gr. ῥέω, ἐρῶ,
ῥῆμα, lat. *reor.* Déjà Platon appelait ρ un ὄργανον
πάσης κινήσεως.

Le *m* est la lettre du secret, du mystère, du si-
lence, lat. *muttire, mussare,* all. *munkeln, murmeln,*
gr. μύειν, μυχός, μυστής, μυστήριον, μῦς du sanscr.
mush (voler), all. *mummen* (déguiser), *mummerei,* lat.
mutus. On comprend donc que la langue ait employé
cette lettre à désigner le sujet qui parle, qui a conscience de lui-même, le *moi,* même dans les langues
tatares : finn. *mina,* esthon. *minna,* lap. *mon,* etc.,
et dans beaucoup d'autres idiomes ; — puis l'activité de la pensée se repliant sur elle-même, se saisissant elle-même : sanscr. *man* (penser), lat. *me-
mini,* gr. μνάω, μιμνήσκω, μέμονα. Il faut y rattacher :
sanscr. *manas,* lat. *mens,* gr. μένος; lat. *mentiri,*
c'est-à dire *mente fingere,* goth. *munan* (croire), lat.
monere, sanscr. *manayâmi,* je fais penser ; anc. all.

manôn, mahnen, all. *meinen,* etc.; mais en hébr. *amar*
et surtout *hashab.* — La négation est exprimée
généralement dans les langues japhétiques par *m* et
n (lat. *non, ne, ni,* gr. νη, μή, etc.). Heyse y voit un
acte libre de la conscience repliée sur elle-même et
repoussant ce qui voudrait lui faire violence et se
faire accepter malgré elle. Il est fâcheux que le grec
présente ici οὐ à côté de μή, que l'hébr. emploie surtout *lo* comme particule négative, le turc *ioq* et
deyl, etc. Peut-être le savant grammairien va-t-il
aussi trop loin en affirmant reconnaître dans : sanscr.
at, lat. *edo,* anc. all. *az,* all. mod. *essen* (en hébr.
ac'al), et dans gr. πί-νω (lat. *bibo,* mais en hébreu
shatah), un reflet de l'activité exprimée. Πίνω et *bibo,*
notamment, nous présentent des formes affaiblies du
sanscr. *pa,* et s'il y a onomatopée, elle est d'une
date relativement récente. Mais dans l'allemand *sau-*
fen (rappelant l'hébreu *saba,* boire avidement), qui
se retrouve encore dans all. *suppe,* fr. *soupe, souper,*
l'effort de la langue pour peindre l'acte est visible.
Heyse cite encore fort à propos l'allemand *saugen,*
lat. *sugere, succus,* etc.

Tous ces faits réunis sont loin sans doute de con-
stituer un système ; mais il est certain qu'on aurait
tort de traiter ces rapprochements de chimères, car
la langue a déployé un tact sûr et délicat dans la
désignation des objets. C'est ainsi qu'elle a caractérisé chacun des organes de la voix par le son qui lui
appartient en propre. Par exemple : lat. *guttur,*

8

gula, fr. *gorge*, all. *gurgel*, *kehle* (gosier), *gaumen* (palais), *hals*, lat. *collum* (cou) (1). Voilà pour les gutturales. En passant aux dentales et aux linguales, nous trouvons : lat. *dens*, *dent is*, fr. *dent*, sanscr. *danta*, goth. *tunthus*, all. *zahn*, du sanscr. *danc'*, gr. δάχνειν (mordre), ou mieux de la racine *ad* (manger), en sorte que *danta* serait dit pour *adanta* (celui ou celle qui mange), gr. ὀδούς, dial. éol. ἔδων; goth. *tuggô* (la langue), anc. lat. *dingua*, lat. *lingua*, sanscr. *jihwâ*. Le fait se vérifie pareillement pour les labiales. Par exemple : lat. *bucca* (la bouche), all. *mund*, *maul.* Dans lat. *labium*, all. *lippe*, la consonne caractéristique se trouve au milieu du mot. C'est ainsi que le nez est rendu le plus souvent à l'aide de la nasale : sanscr. *nasas*, all. *nase*, lat. *nasus*, fr. *nez ;* de là l'all. *niesen* (éternuer).

Les langues sémitiques montrent en général la même finesse et la même sûreté d'instinct dans la désignation des organes de la voix. Ainsi la gorge ou le cou s'y disent *gargrot,* le palais et l'intérieur de la bouche *hhec'*, la dent *shen*, la langue *lashon*, mot dans lequel les consonnes *l* et *sh* appartiennent également à l'organe qu'elles expriment. La bouche se dit en hébreu *peh*, la lèvre *saphah*, où la consonne caractéristique se trouve au milieu; le nez, *eneph*,

---

(1) *Hals* et *coll-um* sont le même mot, exactement comme *horn* et *corn-u*, *herz* et χαρδία, l'*h* allemand répondant souvent au *k* des langues classiques.

habituellement contracté en *naph;* les narines, enfin, *nehhirayim.*

Il y a lieu sans doute d'admirer la supériorité des langues dont le génie adapte si merveilleusement les termes aux objets qu'il veut exprimer. Mais nous croyons que cette supériorité n'est pas le propre de tous les idiomes du globe. Nous croyons aussi que les idiomes si parfaits qui nous occupent en ce moment n'ont pas été et n'ont pas pu être toujours également heureux dans la création de toutes les parties de leurs vocabulaires. Il est certain qu'ils se sont efforcés de polir et de perfectionner les mots rudimentaires du langage primitif, et c'est ce travail, poursuivi sans relâche par les idiomes indo-européens, qui leur donne un avantage sensible sur les langues sémitiques.

Nous avons déjà dit plus haut que le nombre des onomatopées semble augmenter avec le temps ; mais ce qu'il importe de prouver ici, c'est que bon nombre de termes qui, à l'origine des choses, semblaient désigner un peu au hasard les objets auxquels on les affecta, furent modifiés en telle sorte par la bouche délicate, l'*os rotundum*, des Grecs et même des Latins, qu'ils finirent par calquer ces objets et par en présenter comme le vêtement, comme la forme extérieure. Or, il existe en sanscrit une racine *ang*, se mouvoir, s'incliner. Les premiers Aryas s'en sont servis pour désigner différents membres du corps, comme *anga* (membre), *anka* (sein), *ashtivat* (genou), etc. Les Pélasges, par une légère modification, ont réussi à donner à cette racine la signification de l'étroitesse, désignée fort bien par les nasales dont le son se produit par un arrêt de la voix dans l'intérieur de la tête. De là viennent gr. ἔγγυς (proche), ἄγχω, all. *enge* (étroit), et par métaphore lat. *anxius, ango*, all. *angst* (la terreur, fr. *angoisse*). Ces termes, sans être des onomatopées, s'en approchent cependant beaucoup, tandis qu'il serait bien difficile de trouver déjà ce caractère dans la racine à laquelle ils se rapportent.

La racine *pat* veut dire simplement *aller* en sanscrit ; en grec elle signifie *tomber* dans πίπτω pour πιπετω, verbe qui semble vouloir peindre la rapidité de la chute ; ou *voler*, dans πέτομαι, ἵπτημι. De là aussi vient πτερόν pour πετερον (la plume), où le rapprochement du π et du τ a été amené avec tact pour exprimer l'extrême légèreté de l'objet en question. Dans le latin *petere*, ou semble reconnaître la vivacité de la marche. On comprend que ce verbe ait pu prendre la signification de *demander*, car on s'élance vers un objet alors qu'on le demande.

Les mots qui signifient *feu* en grec (πῦρ), et en allemand (*feuer*), ressemblent assez à une onomatopée. Mais lorsqu'on y regarde de près, on se convainc qu'ils viennent de la racine *pu*, dont le sens est *purifier, nettoyer*. Du sanscrit *bhû* (être), le grec a fait φύω, φυσάω (respirer, souffler). Qui nierait que l'acte est mieux peint dans ce terme que dans la racine san-

scrite? En sanscrit *tri* veut dire *passer outre*, puis *pénétrer;* de là dérivent gr. τιτράω, τιτραίνω (forer, per-
forer), lat. *terebro*, qui a le même sens. Les anciens
Grecs, par l'emploi judicieux du redoublement, les
Latins par le comul des *r*, se sont efforcés de peindre l'acte qu'ils voulaient désigner. Mais on nous
assure que du même *tri* vient le lat. *titillare* (chatouil-
ler), comme du sanscr. *tan* (étendre) viennent le lat.
tinnire, tintinnabulum où l'onomatopée est obtenue par
la répétition de la syllabe radicale et par le grand
nombre des *i*. On pourrait multiplier ces observations à l'infini. Citons seulement : gr. ἵμερος (le désir
amoureux), σμικρός (petit), ἀμολγός (les ténèbres de la
nuit) de ἀμέλγω (traire), μόρος, lat. *mors* de μείρω (ré-
partir), et surtout les mots exprimant la diversité du
son : δοῦπος et (γ)δουπέω , σφαραγέω , κτύπος, κτυπέω,
et tant d'autres qui tout au moins n'existent pas en
sanscr. Joignons-y gr. ῥίπτω , ταράσσω (cp. θάλασσα),
τετρεμαίνω, trembler (sanscr. *tras*), Τάρταρος, πορφύρω,
πολύφλοισβος , τροχός , etc., etc., mots qui , grâce au
génie plastique des Grecs, ont fini par être comme le
moule de l'idée qu'ils renferment.

Si l'allemand est bien moins harmonieux et bien
moins sonore que le grec, il est à coup sûr bien plus
expressif. Le nombre des mots où la pensée semble
se refléter comme dans un miroir y est bien plus
considérable. Mais ici encore nous remarquons que
ce lien intime, mystérieux, qui unit l'idée et le son
qui la manifeste, n'a pas été improvisé , qu'il s'est

formé lentement par l'habitude qu'acquérait l'esprit
de saisir à la fois la forme et la pensée et d'adapter
l'une à l'autre.

Nous avons parlé plus haut des mots allemands
donner (tonnerre) et *blitz* (éclair), dérivés des rac. *tan*
(étendre) et de *blican* (resplendir). On pourrait réunir plusieurs centaines d'exemples où les Allemands
ont réussi, surtout par un heureux emploi de la double consonnance, à produire des effets de voix,
qu'une philosophie imprudente considérerait volontiers comme l'œuvre des premiers hommes et des
premiers temps. Nous citons seulement :

Herz, gr. καρδία, lat. *cor*, sanscr. *hrit.*

Schmerz douleur, du v. N. *meria* briser.

Straff raide, serré, de *streben*, angl. *to strive* s'ef-
forcer.

Gespenst spectre, de *spenia* (l. du N.) allécher, at-
tirer.

Schüchtern timide, de *scheuen* et en dernier lieu de
sky (l. du N.) couvrir, éviter.

Watscheln patauger, de *waten*, cp. lat. *vado.*

Schimpf honte, de *scamian.*

Racker insolent (expr. familière), de *rakr* (l. du
N.) impérieux, de *rekia* gouverner.

Meuter séditieux, de *maut* réunion, qui vient de
l'angl.-sax. *mitan* rencontrer (angl. *to meet*).

Morsch friable, *mœrser* mortier, du N. *meria* briser.

Lappen lambeau, de (*bi*) *lipan* laisser, gr. λείπω.

Galopp du goth. *hlaupan* courir.

Lechzen .être altéré, de *lekia* être béant, lécher, couler.

Hüpfen sautiller, de *heben*.

Horchen écouter, de *hœren* entendre (goth. *haus-jan*).

Hübsch gentil, pour *höfisch* (mot à mot : *courtisa-nesque*), de *hof* cour, (*haben* contenir).

Gemach doucement, de *machen* faire (compar. pour le sens gr. ῥάδιος de ῥέζω, ῥέδω, ἔρδω).

Minne amour, du goth. *munan* se souvenir.

Fressen, *frass* manger gloutonnement, du goth. *fritan*, composé de la prép. *fra* et du vb. *itan* manger.

Herrlich, *herr*, de *heren* dominer.

Karg avare, de l'angl.-sax. *caran* être en souci, cp. lat. *curo*.

Gerben tanner, frapper, du N. *gora* faire, préparer.

Geiz avarice, de *gitan* recevoir, obtenir.

Grunzen grogner, de *grinan* pleurer.

Grob grossier, de *krefia* forcer.

Gescht écume, de *geren*, *gœhren* fermenter.

Tüchtig solide, vigoureux, de *taugen* être fort.

Trotz orgueil, entêtement, de *troen*, *drohen* menacer, angl. *threaten*.

Tœlpel gros lourdaud, de *delfan* creuser, fouiller, lat. *talpa* taupe.

Brunst ardeur, de *brennen* brûler.

Zucken palpiter, de *ziehen* tirer, traîner.

Trott trot, de *treten* marcher, fouler aux pieds.

Zorn colère, de *teran* entraîner, arracher.
Milbe tout petit insecte, de *malan* moudre, briser.
Heilig sacré, de *heilen* guérir, anc. all. *gehal* entier, etc., etc.

Si l'on veut voir des onomatopées dans tous ces mots, nous ne nous y opposerons pas; mais il faudra reconnaître en même temps qu'elles n'ont pas été crées d'un seul jet, qu'elles sont le résultat de ce travail lent, incessant, par lequel le génie de la langue s'efforce de faire du son le serviteur et le très-humble esclave de la pensée. Si par conséquent on affirme que les idiomes des peuples anciens, que ceux des peuples teutoniques sont comme le calque de la nature au milieu de laquelle ils vivaient, il faut ajouter en même temps que ce calque n'a été obtenu qu'après un long labeur, de nombreux tâtonnements; qu'il date beaucoup moins des premiers jours du langàge que de sa seconde période qui est celle de la synthèse, et qu'il est quelquefois d'une origine plus récente encore. Nous espérons avoir démontré l'erreur de ceux qui regardent l'onomatopée comme un phénomène caractéristique des langues sémitiques. Celles-ci sont peu flexibles, et les racines y sont toujours restées les mêmes, ou ont subi peu de variations. Ce sont au contraire les idiomes indo-européens qui comptent des onomatopées par centaines et par milliers; mais nous sommes loin de leur en faire un reproche ou d'y voir une preuve de leur infériorité.

Il faut avouer toutefois que le génie de la langue
ne réussit jamais complétement à rendre la forme
adéquate à la pensée. Aucun de ces termes qui *sym-
bolisent* une idée ne l'exprime de façon que l'oreille
de l'étranger ne puisse pas s'y tromper. Le même
son, quelque judicieusement qu'il ait été choisi par
les premiers hommes d'un peuple, aura ou une signification toute différente chez le peuple voisin parlant une autre langue ou n'aura pour lui aucun sens.
Rien n'est plus doux à prononcer et à entendre que
la racine *lu*, et cependant elle veut dire en sanscrit *fendre*, *déchirer;* dans les langues pélasgiques,
ce son rappelle des verbes qui signifient *se baigner*,
se laver. — En revanche *pri*, qui en sanscrit signifie
aimer, en grec signifie *scier* (πρίω). *Yell*, en anglais,
veut dire *crier*, en turc *un an*, *une année.* Lorsqu'un
Allemand vous dit *lieber*, en appuyant sur la première, il vous parle tendrement, il vous appelle son
« cher ami; » mais pour l'oreille française ce son a
une autre valeur, *livre* pour elle est un volume ou un
poids, lat. *liber* ou *libra*, et pas autre chose. Pourquoi pour exprimer la notion de la grandeur le Chinois a-t-il recours à un monosyllabe *ta*, l'Arya à celui
de *mah*, et le Sémite à celui de *ga* ou *gab?* En vérité, on ne peut alléguer aucun motif raisonnable
pour qu'il en soit ainsi et pas autrement. Les trois
syllabes (*ta*, *mah*, *ga* et *gab*) existent dans les trois
familles et y ont des significations distinctes. On n'en
peut sans doute pas inférer que la notion de la gran-

deur ait été désignée au hasard par les Chinois, les
Japhétides et les descendants de Sem ; mais il serait
absurde, en vérité, de soutenir plus longtemps que
la création des premiers termes d'une langue a eu
lieu fatalement. La volonté de l'homme dans le choix
de ces termes a été limitée sans doute par les conditions de son organisme, par le sol qu'il habitait,
par le genre de vie qu'il put adopter, enfin par le
besoin ressenti plus particulièrement des races les
plus favorisées de reproduire les impressions d'une
manière plus frappante, plus palpable. Mais, malgré
tout cela, une vaste carrière resta ouverte, non-seulement à la liberté, mais même à l'arbitraire, et l'on
peut hardiment affirmer que les premiers hommes
ont usé de l'une et de l'autre.

Nous ne pouvons pas mieux résumer ces recherches qu'en disant qu'il n'y a pas d'idée humaine qui
soit nécessairement inféodée à tel ou tel son, ni de
son de notre voix qui désigne fatalement telle ou
telle idée. Oui, il n'y a pas un seul son, nous parlons surtout de sons simples, qui, dans les milliers
d'idiomes qui sont parlés sur notre globe, ne puisse
exprimer et n'exprime peut être réellement toutes
les notions simples que notre intelligence renferme.
Tout son peut devenir le signe ou le symbole de
toute idée. Ce qui revient à dire que le son en
réalité est chose tout à fait inadéquate à l'idée et que
le clavecin de la voix humaine, malgré sa merveil-
leuse organisation, malgré les sublimes harmonies

qui s'en échappent, n'est que l'instrument imparfait,
oui, bien imparfait, de cette pensée qui porte des
marques plus profondes de son divin Créateur.

II. — DE L'ORIGINE DE L'INFINITIF PRÉSENT PASSIF DANS LES LANGUES CLASSIQUES.

LU A L'ACADÉMIE DES INSCRIPTIONS ET BELLES-LETTRES EN OCTOBRE 1863.

1.

Les tentatives des linguistes, pour découvrir l'ori-
gine et le véritable sens de cet infinitif, ne paraissent pas avoir été couronnées jusqu'à présent d'un
succès complet. Essayons à notre tour, en nous
aidant des travaux de nos devanciers, de faire faire
à cette question un pas de plus. — Personne n'ignore
que les *amari, moneri, legi, audiri*, ne sont en réalité
que les formes abrégées des anciens infinitifs *amarier, monerier, legier, audirier*. Comment expliquer
ces derniers? MM. Bopp et Pott ont cru reconnaître
dans le premier *r* la marque de l'infinitif actif, dans
le second le pronom réfléchi *se* transformé en *re*.
Dans ce cas *amarier, audirier*, etc., seraient pour
amarere, audirere, etc., ou au moins pour *amareer,
audireer*, en supposant que la métathèse *er* pour *re*
eût été généralemant adoptée, et que le premier *e*
eût été changé en *i* pour cause de dissimilation.
Tout récemment M. Lange, auquel M. Schleicher
semble donner raison, a préféré voir dans les termi-

naisons *ier* et *rier* un infinitif imaginaire *siere* pour *esiere* (forme primitive sanscrite *syasai = asyasai*), formé d'un présent également imaginaire *asyes* venant du verbe *as* « être, » et faisant fonction de passif (*as + ya*). *Legi* et *amari* dériveraient, par conséquent, de *legies*, *amasies*. Le *s* final aurait été retranché comme dans beaucoup de cas analogues, et *ie* aurait été contracté en *i* comme dans *sim*, *sis* pour *siem*, *sies*, etc. Nous avouons que cette étymologie nous paraît beaucoup trop artificielle pour que nous soyons disposé à l'admettre.

Disons d'abord un mot de l'infinitif passif de la troisième conjugaison qui, lui aussi, a été une véritable *crux interpretum*. Comme *amari* paraît être formé de *amare*, *moneri* de *monere*, *audiri* de *audire*, l'infinitif actif *legere* semble réclamer une forme correspondante, *legeri*. Or il est clair que *legi* ne saurait être envisagé comme une forme écourtée de *legeri*; ce *legeri*, en effet, n'a jamais existé ; le mot qui, à l'origine, le remplaçait était *legerier*. Ce dernier étant composé de quatre syllabes brèves, et accentué d'abord probablement sur la première (*légerier*) produisait une véritable cacophonie, à cause des deux *r* et des trois *e* qu'il renferme. On le prononça probablement *légrier*, et avec suppression du premier *r* *légier*. Comparez τέτραχμο pour τετραδραχμο, βοστρυχ pour βοτρυ-τριχ (la locution βότρυς χαίτης existe réellement), *nutrix* pour *nutritrix*, et d'autres chez Pott, II, 109 et suiv.

Nous sommes persuadé, avec M. Lange, que la désinence des infinitifs passifs n'est qu'une forme écourtée d'un autre infinitif en -*ere*, avec lequel les *amare*, *monere, legere, audire*, se seront combinés. *Amarier*, *monerier, legier, audirier*, se seront dits pour *amariere*, *moneriere, legiere, audiriere.*¹ Mais de quel verbe *iere* la désinence *ier* serait-elle le reste tronqué? Au premier coup d'œil, c'est le verbe *ire* lui-même qui paraît se présenter, dont un ancien infinitif a bien pu être *iere* de *eo* comme ἰέναι de εἶμι. Le verbe *cio* ou *cieo* a dû former jadis *ciere; cîre* et *ciére*, n'en sont probablement que des variantes nées de la tendance de la langue à remplacer les formes plus difficiles de la conjugaison forte (la troisième) par les terminaisons régulières, uniformes de la conjugaison faible (-*âre*, -*êre*, -*îre*). Toutefois le verbe *venir* ne sert en général à désigner le passif que lorsqu'il est accompagné d'un participe. C'est ainsi que l'on dit dans la Rhétie : *Io vengo laudans* (je suis loué), et le latin lui-même a son *amatum iri*.

Le seul verbe latin qui ait conservé la forme *ier* est *fio* qui fait, il est vrai, à l'infinitif *fieri*. Mais cette forme est un véritable solécisme consacré par l'usage, qui avait fini par voir dans *fio* un verbe passif ou déponent. *Fieri* prouve que la forme régulière de l'inf. passif de *lego* eût été *legeri*. L'ancien infinitif de *fio* était *fiere*, qui se trouve encore dans Ennius. C'est ce *fiere* que nous croyons fermement être l'origine de la désinence + *ier*, qui dans la langue latine indiquait, au

commencement, l'infinitif présent passif. *Amarier, monerier*, etc., sont nés, selon nous, de *amare + fier*,
monerefier, etc. Rien n'est plus commun en latin que
l'élision d'un *f* dans les formes composées de la conjugaison. L'exemple le plus frappant nous est fourni
par les *potui, potueram* pour *potefui, potefueram ; volui,
volueram* pour *volefui, volefueram*. Dans *nolui, malui*
on ne peut s'empêcher de reconnaître des contrac-
tions de *non + vole + fui* et *mage + vole + fui*, etc. Il
est constant aussi que tous les parfaits en *-vi* et *-ui*
contiennent le parfait du verbe *fuo*, gr. φύω, sanscrit
bhû. Dès lors, il paraît tout simple que le *f* se soit
pour ainsi dire *volatilisé* et ait fini par disparaître
dans les *amarefier, monerefier*, etc.

Reste une grosse difficulté. Est-il probable, est-il
même possible que l'infinitif *fiere* se soit combiné et
fondu avec l'infinitif actif des verbes *amare, monere,
legere, audire?* Lorsque deux mots viennent se joindre pour ne plus faire qu'un, ne commencent-ils pas
par se dépouiller de ces désinences qui leur donnent un caractère arrêté, déterminé? On dit φερέ-νικος,
parti-ceps, *treme-facio*, *treme-fio*, *lucri-facio*, etc.,
mais on ne considérerait jamais comme formant un
mot φέρων-νίκην, *partem capiens, tremere facio* ou *fio,
lucrum facio ;* encore moins oserait-on former des
composés comme φέρων-νικος, *partim-ceps*, etc. Aussi
ne voyons-nous nullement dans les *amare, monêre,
legere, audire*, qui restent lorsqu'on en a détaché le
,verbe *fiere*, la forme de l'infinitif présent actif. *Amare*,

monêre, etc., ne désignent pas seulement cet infinitif; ils peuvent désigner aussi la seconde personne
sing. du prés. passif, et remplacer les *amaris, mo-
nêris;* ils désignent enfin la seconde personne sing.
de l'impératif passif : *sois aimé, exhorté*, etc. Nous
nous arrêterons à l'impératif, non que nous croyions
qu'un impératif puisse entrer dans la composition d'un
mot quelconque, mais parce qu'il nous présente en
général une des formes les plus écourtées du verbe.
Dans le cas qui nous occupe, les deux premières syllabes de *amâre, monêre, audire* et même *legere*
(c'est-à-dire *amâ, monê, audî* et *lege*) ne sont pas des
impératifs, mais simplement les radicaux, les thê-
mes des verbes *amare, monêre, audire, legere*. Le pronom réfléchi *re* (c'est-à-dire *se*) est venu s'y joindre,
et a fait corps avec eux. Cela n'a rien qui doive
étonner ; non-seulement parce que toutes les personnes du passif sont composées invariablement avec ce
même pronom, mais parce que les conjugaisons sanscrite, grecque et latine renferment de nombreux
exemples de pronominaux pétrifiés, insérés ainsi entre
le radical et la désinence proprement dite. *Amarier,
monerier, audirier* et *legier*, signifieront par conséquent, mot à mot : *aime-soi-devenir, entend-soi-deve-
nir*, comme qui dirait en allemand : *liebe-sich-werden,
hœre-sich-werden*, etc.

2.

Si l'étymologie que nous venons de présenter était approuvée, elle pourrait nous conduire à découvrir peut-être celle de l'infinitif passif du verbe grec terminé en -σθαι. M. Schleicher a fait remarquer déjà que des formes telles que λύεσθον, λυέσθων, λύεσθε, enfin λυόμεσθα, à côté de λυόμεθα, semblent prouver que l'instinct de la langue croyait trouver l'exposant du passif dans la combinaison du σ et du θ. Ceci est d'autant plus vrai que la langue se la permettait dans des cas où les règles de la grammaire semblent la repousser, comme dans ἠκούσθην pour ἠκούθην. Des formes comme ἤκουσμαι, ἤνυσμαι et d'autres encore pourraient donner à penser que c'est moins par le θ que par le σ que l'instinct populaire a voulu désigner le passif. Nous n'ignorons pas que, dans des formes comme οἶσθα, la consonnance σθ répond à deux t primitivement juxtaposés. Mais dans la seconde personne plur. moyen, M. Schleicher essaie de ramener la désinence σθε au sanscrit *dhvê*, qui se dirait pour *sdhvê* ou *sdhvai*, qui lui-même serait abrégé de *tvasi dhvasi* ou *dhvasi dhvasi*. On aurait fait de ce dernier, par aphérèse, d'abord *sidhvasi* puis *s-dhvai*. Toutes les autres formes, qui renferment un σ devraient leur origine à la loi de l'analogie, si puissante dans le développement des langues. Au cas où σ serait primitif dans -μεσθα, -μεσθον, la forme première serait *masdhai*

(vieux bactrien *maidhê* pour *madhai*, né de *madhi*
+ *masi?*) que M. Schleicher ne croit pouvoir expliquer autrement que par une métathèse des désinences pronominales c'est-à-dire *masidhami*. La désinence
que nous présente aujourd'hui le sanscrit est, comme
on sait : *mahê*. J'ignore si, comme M. Schleicher le pense, les
formes des trois personnes du singulier dans la voie
passive ou moyenne (-μαι, -σαι, -ται), sont nées du
redoublement du pronom personnel. On admettra
moins facilement encore que les formes déjà si
complexes du pluriel aient pu être redoublées à leur
tour. Une désinence *ant* + *anti*, d'où M. Schleicher
voudrait tirer le grec -νται, sansc. -*nté*, n'a probablement jamais existé. La langue grecque, poussée par
le besoin de marquer fortement la notion du passif,
suivit, selon nous, une autre route que le sanscrit.
Partout où le doute paraissait possible, elle inséra
son σ, qui probablement ne diffère pas de l'*s* ou de
l'*r* du passif latin. C'est le reste du sanscrit *sva* ou *svi*,
qui, à une époque moins primordiale, se transforma
tantôt en ἔ, οὖ, οἶ, etc., tantôt en σφέ, σφίν, σφώ, etc.
On devine le reste : Dans λυόμεσθα, le σ n'est qu'un
étai, un appui de plus pour μεθα, dans lequel nous
ne croyons voir qu'un *maidhê* déformé. Mais dans les
-σθε-σθον, etc., nous reconnaissons les -τε, -τον de l'actif,
auxquels l'insertion du σ donne une valeur médiale.
C'est ce même σ que nous croyons retrouver dans
ἤκουσμαι, ἠκούσθην, et, bien entendu, aussi dans les

infinitifs λύεσθαι, λελῦσθαι. Dans le -θαι qui reste
M. Schleicher croit démêler les infinitifs védiques en
-dhyai, forme trop rare cependant pour qu'il ne paraisse
pas risqué de lui attribuer une action si importante
dans la formation de la conjugaison grecque. Ne serait-il pas préférable de ramener ce -θαι à la racine θε,
sanscrit dhâ, « faire, mettre, » qui semble avoir servi
à former l'aoriste Iᵉʳ passif, et que l'on rencontre
dans le présent de verbes tels que πρήθω, εἰκάθω, etc.?
Tout le monde sait du reste quel rôle considérable
ce même verbe joue dans la formation de la conjugaison gothique, et quel usage font les Anglais de
nos jours de leur verbe to do. L'ι de -θαι serait un
locatif d'un nomen agentis, dont la forme serait identique à la racine. On n'a qu'à comparer les infinitifs
védiques : drçê « voir, » â + sad + é, « s'asseoir, »
â + yâi pour â + ya + ai, « approcher, » etc.
Τύπτεσθαι, λύεσθαι seraient donc littéralement : bat-
soi-faire, affranchit-soi-faire (all. schlage-sich-ma-
chen), etc.

Parlons enfin d'une dernière probabilité. On
n'ignore pas que dans le groupe σθ, le ϑ est souvent
le résultat d'un σ précédent, et qu'il occupe la place
d'un t primitif. Or τ grec répond souvent au th sanscrit. On pourrait donc voir encore dans -θαι le suffixe krit tha (Pott, II, 466). Ce suffixe se rencontre
dans yû+tha, « troupeau, » de yu, « lier, » pa+tha,
« sentier, » pour pad+tha, de la racine pad, « marcher, » uktha « le Samaveda » de la racine vatsh.

En insérant un *a* devant ce suffixe, la langue formait des substantifs abstraits comme *çam+a+tha*, « tranquillité, » *klam+a+tha*, « fatigue, » *dam +a+tha* ou *dam+a+thu*, « punition, » etc. L'infinitif n'a été à l'origine qu'un substantif abstrait ; il se pourrait donc qu'il se fût formé en grec à l'aide du suffixe *-tha* ou *-atha;* mais j'avoue que ma première explication me paraît plus vraisemblable.

III. — CLASSIFICATION DES LANGUES D'APRÈS LE Dr STEINTHAL.

M. Steinthal admet, comme M. de Humboldt, que toutes les langues ont été un jour monosyllabiques, comme le chinois l'est encore maintenant. Le chinois, ne disposant que d'un bien petit nombre de sons (un peu plus de quatre cents), il en est advenu qu'un même son a pris presque toujours plusieurs sens. Quelquefois le même mot arrive ainsi à désigner vingt, trente, cinquante choses entièrement distinctes. Cette circonstance devait contribuer à rendre le langage primitif très-obscur, et engager ceux qui le parlaient à sortir de la voie du monosyllabisme où s'arrêta le chinois. M. le Dr Steinthal a remarqué que toutes les langues que nous pouvons suivre jusqu'à leurs origines nous fournissent des exemples de mots à sens multiple. Il cite à cet égard, non-seulement l'égyptien, mais encore le sanscrit; en effet, le sanscrit, malgré un vocabulaire extrême-

ment riche et sa faculté de composer des mots à
l'infini, en conserve quelques-uns qui se sont arrêtés à ce premier échelon de leur développement.
Reconnaissons toutefois que, parmi de nombreuses
significations, qu'il faut attribuer presque toujours
au mot chinois, il y en a souvent plusieurs qui
se tiennent et s'expliquent l'une par l'autre, par
exemple :

Ta veut dire : *grand, grandeur, grandir, grandement.*
Ceci n'a rien d'étonnant d'après ce que nous venons
de dire plus haut sur la langue anglaise. Mais voici
qui est plus curieux : *Eul* signifie 1° *deux*, 2° *et*
(comme qui dirait *jonction*), 3° *petit enfant* (comme
qui dirait *dédoublement*), etc., etc.

Partant de ce principe, M. Steinthal dressa un
tableau, plus complet que tous ceux qui sont à notre
connaissance, des idiomes les plus remarquables du
globe ; et sans éliminer aucune vue importante de
ses prédécesseurs, il établit trois classes principales.
1° Dans l'une il plaça les langues qui réussissent à exprimer les concepts de l'esprit humain d'une manière
distincte, sensible et surtout *adéquate* aux *catégories*
de la pensée. Ce seront là les langues les plus parfaites. 2° Il y en a d'autres où les mots qui indiquent
ces concepts sont juxtaposés sans lien extérieur,
grammatical, et où la réflexion supplée de son mieux
à l'insuffisance du langage. C'est le cas du chinois et
des langues qui lui ressemblent. Il y a sans doute
dans le chinois des mots pour exprimer toute espèce

d'idées; idée de substance et idée de rapport; mais
comme ces mots sont immobiles, indéclinables, ils
se trouvent pour ainsi dire tous sur le même plan,
et aucun signe, si ce n'est l'ordre dans lequel ils se
succèdent, n'oriente l'esprit sur leur valeur respec-
tive. Le chinois et d'autres idiomes encore rendent
le datif et le locatif par une racine qui signifie *rester*,
demeurer ; le pluriel par une autre, qui signifie *beaucoup*, *tout*. Mais les peuples qui parlent ces langues
ne savent pas ce que c'est qu'un nom au datif, au
vocatif ou au pluriel. La différence même des idées
principales et des idées de rapport, connue des Chinois, ne l'est pas des races moins bien douées dont les
langues ressemblent à la leur. 3° Enfin le plus grand
nombre des idiomes de notre globe se sont efforcés
de rendre, par des formes sensibles à l'oreille, mais
d'une manière plus ou moins imparfaite et confuse, la
différence des notions principales (nom, verbe, etc.)
et des notions de rapport (préposition, conjonction,
adverbe, etc.) Les uns sentant qu'un lien intime
doit unir les différentes parties de la phrase, la résument maladroitement en un seul mot, comme le
groënlandais ; d'autres exagèrent l'importance des
rapports dans lesquels le nom peut se trouver au
verbe, comme le finnois. Cette langue possède une
déclinaison de quatorze cas, et cependant elle a né-
gligé de donner une forme caractéristique au nominatif et à l'accusatif. Ces quatorze cas, d'ailleurs,
sont formés à l'aide de véritables racines, exprimant

des idées principales. Les langues ougriennes ne connaissent pas, à ce qu'il paraît, ces prépositions qui, comme il arrive dans nos idiomes, descendent, non pas de racines verbales ou nominales, mais de *formes pronominales*. Dans les langues indo-européennes, en effet, celles-ci constituent le fond primitif dont sont nés les mots désignant les rapports. La ligne de démarcation, tirée de très-bonne heure entre les deux classes de racines (verbales et pronominales) a été le point de départ du développement heureux et de l'organisation supérieure de ces langues. Veut-on un exemple d'une langue confondant des catégories bien distinctes de la pensée? Choisissons le kawi. Pour exprimer le pluriel du pronom dans la conjugaison, on y a recours à la forme fréquentative. C'est comme si « *dicens* » y signifiant : *il dit*, pour dire : *ils disent*, on mettait : *dictitans*. Veut-on des langues incapables d'exprimer certains rapports de la pensée? Prenons l'idiome d'Annam. Dans cet idiome, il est le plus souvent très-difficile de distinguer le sujet du prédicat. La copule n'y existe pas. C'est pourquoi « *mons altus* » y peut signifier à la fois *haute montagne* et la *montagne est haute*. Dans la langue basque, la proposition adjective est traitée comme un seul nom. Le mongol et le mandchou n'ont pas de conjugaison proprement dite; ils ne peuvent pas dire : *amo, amas*, mais seulement : *amans, amatus, amare*. Ils réussissent, à la vérité, à distinguer ces expressions verbales d'expressions nominales, telles que : *amator, amatorem*, etc.; mais cette fusion intime qui, en grec et en latin, fait un seul mot de la désinence pronominale et de la racine, de façon à ce que le verbe présente une physionomie toute différente du nom, cette fusion n'a pas eu lieu dans ces langues. Elle n'existe même pas dans la langue turque, qui conjugue tous ses verbes à l'aide du verbe substantif : *être*, mais les éléments primitifs dont ce verbe est formé ne sont pas encore bien connus.

CLASSIFICATION DES LANGUES.

	I Langues qui confondent les idées principales et les idées de rapport.			II Langues sans expression de rapport.		III * Langues parfaites.
	Africaines.	Polynésiennes.	Asiatiques.	Américaines.	Asiatiques.	
Juxtaposition . .	Yoruba.	Orientales.	L. de l'Indo-Chine.	. . . . .	Chinois.	. . . . . .
Flexion à l'aide de préfixes. . . .	L. des Cafres	. . . .	. . . .	. . . . .	. . . . .	. . . . . .
Agglutination. .	Mandingo. . .	. . . .	L. Altaïques.	L. de l'Amérique du Sud?	. . . . .	L'égyptien.
Polysynthétisme. .	Kanuri ?	. . . . . .	. . . . . .	Delaware.		. . . . . .
Incorporation. .		. . . . . .	. . . . . .	Mexicain.		. . . . . .
Contraction. . .		. . . . . .	. . . . . .	Groënlandais.		. . . . . .
Flexion imparfaite. 1° Modification de la voyelle radicale.		. . . . . .	Thibétain.	. . . . . .	. . . . .	L. sémitiques.
2° Flexion par affixes.	Wolof.	Occidentales.	. . . . . .	. . . . . .	. . . . .	. . . . . .
Flexion complète	Galla?	. . . . . .	Finnois.	. . . . . .	. . . . .	L. indo-européennes.

*. Ce sont celles qui ont su donner une expression adéquate aux idées principales et aux idées de rapport.

IV. — CLASSIFICATION DES MODES D'ÉCRITURE D'APRÈS LE Dr STEINTHAL.

Le principe qui domine la division des systèmes d'écriture est que leur clarté et leur perfection sont en raison de la clarté et de la perfection des langues qu'ils sont destinés à reproduire. Lorsque une tribu sauvage de l'Amérique du Nord veut transmettre à la postérité les exploits d'un de leurs chefs, elle les peint, mais ne saurait les perpétuer par l'écriture. Celle-ci, pour être facile à saisir, présuppose un langage facile à analyser, à décomposer. Des idiomes où règne un synthétisme confus ont de la peine à arriver, nous ne dirons pas à un alphabet, mais seulement à des signes hiéroglyphiques. Des Tchippeways désirent-ils nous apprendre que deux de leurs chefs ont remonté un fleuve, ont campé sur le rivage et y ont pris un ours et des poissons? Ils graveront sur une planche deux pirogues, sur chaque pirogue un animal, insigne (*totem*) des familles de chacun des deux guerriers (les noms propres des individus n'étant jamais indiqués autrement), un ours, des poissons, — et le monument sera achevé. Les sauvages, toutefois, connaissent le symbole; deux mains entrelacées sont le signe de l'amitié; le cœur, c'est celui du désir, de l'affection. Chez les Mexicains, race déjà plus civilisée, l'année est désignée par un serpent qui se mord la queue. Il n'est pas toujours aisé de se rendre compte du rapport qui existe entre le signe et la chose signifiée, comme, par exemple, lorsque les nez du visage affectent des dimensions d'autant plus énormes que les personnages sont plus élevés en dignité, etc., etc.

L'écriture dont nous venons de parler est comme détachée du langage de la tribu qui le parle ; elle n'indique aucune catégorie de la pensée, aucune forme grammaticale. Nous ne voyons que des objets pouvant frapper la vue : nulle part un signe marquant une activité, une épithète, un rapport. Les Mexicains n'ont pas été assez heureux pour sortir entièrement de ce système primitif ; mais ils ont inventé des signes indiquant des noms de nombre ; ils ont un calendrier ; ils marquent la date des événements. Il y a donc pour eux un passé, et par conséquent, un commencement de tradition historique. Quelquefois, en écrivant, ils ont recours aux couleurs, comme lorsque le chiffre *vingt*, 20, est désigné par un drapeau et qu'un drapeau divisé par deux lignes qui se croisent et colorié à demi signifie *dix*, 10 ; lorsque les trois quarts en sont coloriés, c'est 15, *quinze* qu'il faut entendre.

La couleur joue un rôle considérable dans les cordelettes nouées des Péruviens, les fameux *quépos*. Là, c'est le nombre, l'entrelacement et la couleur des nœuds qui sont destinés à remplacer les caractères. Ces signes sont tout à fait de convention ; ils ne disent rien par eux-mêmes. Tout imparfaite que soit cette écriture, il faut la placer au-dessus de celle qui ne fait que peindre; car elle est à un plus haut degré le résultat d'un art réfléchi.

La Chine et l'Egypte sont les premiers pays où nous rencontrions une écriture digne d'une intelligence humaine. Ce qui l'y a fait naître, c'est, dit M. Steinthal, un esprit agité par les énigmes à résoudre, que présente le spectacle de la création. L'Egypte et la Chine ont laissé trace d'elles-mêmes : Fo-hi imagina des signes figurés pour fixer les principes de la morale et d'une métaphysique abstraite. Les prêtres de l'antique Misraïm voulurent célébrer la gloire des dieux, orner leurs temples, perpétuer les hauts faits de leur race.

L'écriture chinoise conserva toujours son caractère hiéroglyphique, à cause de la nature de la langue, composée d'un petit nombre de monosyllabes et d'un nombre prodigieux d'homonymes. Toutefois le chinois parvint à créer des signes *phonétiques* à côté des signes idéographiques par lesquels il avait débuté. C'est ainsi qu'il put signaler au regard les significations diverses d'un même son. Le son *pe* veut dire *blanc* et *cyprès*. Ayant le sens *blanc*, il est rendu par un signe idéographique simple; ce signe devient phonétique lorsque *pe* signifie *cyprès*. Il n'exprime plus que le son *pe*, et, pour qu'on, ne puisse pas s'y tromper, on y ajoute le signe idéographique *arbre*, en sorte que les deux signes réunis se lisent : *arbre-pe*. Lorsque le son *chi* ou *tchi* est rendu par un

signe simple, il signifie *mesure*, *diviser;* mais lorsque
d'idéographique devenu phonétique il se trouve
accompagné du signe *homme*, il signifie *ruse*, *talent*.
Lorsqu'il est suivi du signe *femme*, il signifie *fille publique*; joint au signe simple *cœur*, il veut dire *haine*,
violence, etc. C'est que le *chi* ou *tchi* a toutes ces significations réunies. — L'écriture égyptienne, comme
l'écriture chinoise, débuta, elle aussi, par la pensée
peinte ; mais, grâce à la structure plus savante et
plus complexe de la langue, elle parvint à reproduire après le mot la syllabe, et après la syllabe les
éléments qui la constituent, la consonne et la voyelle.
Nous suivons, dans les différentes phases qu'elle eut
à parcourir, les lents efforts de la raison humaine
arrivant en dernier lieu à ce qui nous paraît aujour-
d'hui le système le plus simple, le plus facile et le
plus naturel, le système alphabétique. La raison
égyptienne trouva le secret, — car c'en fut un, —
de notre méthode moderne, et, l'ayant trouvé, —
telle fut la puissance d'habitudes invétérées, — elle
ne sut pas l'employer.

Toutes les inscriptions égyptiennes nous présentent le mélange de figures symboliques, hiéroglyphiques, avec une écriture tantôt syllabique, tantôt
même alphabétique. Une seule, que Plutarque et
Clément d'Alexandrie nous ont conservée, nous montre l'écriture égyptienne encore en pleine transition
de la peinture des Américains sauvages au symbolisme de la pensée. Elle présente cinq images : un

enfant, un vieillard , un épervier, un poisson, un
hippopotame, que l'on peut lire ainsi : jeunes et
vieux, Dieu hait l'impudence. Les trois derniers signes ont une valeur entièrement symbolique. Jamais
Iroquois ni Mexicain n'y aurait eu recours pour
exprimer une pensée aussi abstraite. Il nous est impossible de suivre M. Steinthal dans toutes les recherches où l'entraîne le travail, à l'aide duquel les
Egyptiens suppléèrent peu à peu à l'insuffisance de
l'hiéroglyphe. Nous donnons, pour indiquer la nature de ce travail, un exemple proposé par M. Steinthal lui-même. La justice, la vérité fut désignée au
commencement d'une manière purement symbolique,
par l'image de l'aune, du mètre. Plus tard on sen-
tit le besoin d'une clarté plus grande. On avait éveillé
l'idée par l'image ; on désirait maintenant frapper
l'oreille par un son déterminé. On joignit donc à
l'aune une faux qui se dit *ma*, ainsi que la justice ;
à la longue *ma* (la faux) était devenu un signe simple, exprimant le son, la syllabe *ma*. On finit par
trouver la double désignation de la justice incomplète : on ajouta alors le *bras*, marquant la voyelle
a, en sorte que la faux n'exprimait plus que la consonne *m*. — Quelque chose de semblable arriva dans
l'antique Babylonie. Les plus anciens habitants ne
paraissent avoir eu pour toute écriture qu'une série
d'hiéroglyphes qui, plus tard, lorsque des peuples
d'une autre race et parlant d'autres langues, oc-
cupèrent le pays, finirent par prendre le caractère

de signes purement phonétiques. M. J. Oppert s'est efforcé le premier en France de débrouiller le chaos des écritures cunéiformes : et s'il n'a pas réussi à lever toutes les difficultés, il a certainement fait faire à ces études un progrès sensible.

La question des runes aussi est loin d'être résolue. On sait uniquement que l'allitération étant le principe de l'ancienne poésie germanique, les runes ont servi d'abord à soutenir la mémoire (de là le mot *stafr*, *stab*, c'est-à-dire *appui*). D'une espèce d'acrophonie, qu'elles étaient d'abord, elles se sont bientôt transformées en alphabet. C'est ainsi que le signe de l'*r* se disait *rath*, voiture, celui de l'*s* *sôl*, soleil, du *th*, *thorn*, épine, etc., etc. Ajoutons que l'écriture dont se servent tous les peuples civilisés de l'Europe a commencé, elle aussi, par être un assemblage d'hiéroglyphes, avant de devenir un groupe de signes abstraits. Tous nos alphabets, on le sait suffisamment, sont d'origine sémitique. Les Grecs appelaient eux-mêmes les caractères dont ils se servaient *phéniciens*. *Alpha* (en hébreu, *aleph*) veut dire *bœuf*; et la forme primitive de la lettre laisse voir l'intention de reproduire au moins les cornes de la bête. *Béta* (en hébreu, *Bayit*) signifie *maison* ; et on peut reconnaître dans la forme de ce caractère la forme encore rudimentaire de la tente des habitants du désert. On fournirait sans effort des explications semblables du *delta* (en hébreu *daleth*, la porte), du *gamma* (en hébreu *gimel*, chameau), du *rho* (en

hébreu *rosh*, *resh*, tête, visage), etc., etc., et ainsi
de presque de toutes les lettres de l'alphabet.
Les Sémites n'accordent pas assez d'importance
aux voyelles. Le plus souvent ils ne les écrivent pas ;
il faut les sous-entendre. Mais mus par un besoin de
clarté, les Grecs remédièrent à cet inconvénient ; ils
donnèrent à la voyelle le même rang qu'à la consonne, et en décomposant le son articulé jusque
dans ses moindres éléments, ils réussirent à calquer
parfaitement l'écriture sur le langage. Il n'en était
pas moins réservé aux temps modernes, et notamment aux deux derniers siècles, d'apporter à l'écriture ses derniers perfectionnements. Nous plaçons
ici le tableau si remarquable du Dr Steinthal.

CLASSIFICATION DES MODES D'ÉCRITURE.

A Ecriture idéographique.	1. A l'aide d'images.	*a.* Sans mélange.....	Amérique du Nord, Sibérie, etc.
		b. Mélangées avec 2 et 3.	Le Mexique.
	2. A l'aide de figures.	Quépos........	Le Pérou.
B Ecriture phonétique.	3. A l'aide d'images.	Ne se rencontre que mêlée avec d'autres systèmes........	
	4. A l'aide de figures.	Mêlée avec 2......	Chine (signes exprimant des mots entiers).
C Ecriture alphabétique.	5. Ecriture syllabique.	*a.* A l'aide d'images...	Seulement mêlée avec d'autres systèmes.
		b. A l'aide de figures ou de signes......	Le Japon.
	6. Ecriture à lettres.	*a.* A l'aide d'images (mêlée avec 1, 2, 5 *a*)...	L'Egypte.
		b. A l'aide de signes (mêlée-avec 5, 6).....	Les systèmes de l'Inde et les cunéiformes.
		c. A l'aide de signes seulement : *a.* Avec des voyelles imparfaitement rendues..	Les alphabets *sémitiques* de l'Asie.
		b. Avec des voyelles parfaitement rendues...-.	Les alphabets *sémitiques* de l'Europe.

V. — DE LA FORMATION DES LANGUES CELTIQUES.

Nous avons assigné à ces langues une place à
part dans la grande famille des idiomes indo-européens ; car si elles en ont conservé la physionomie
générale, elles s'en séparent par une foule de traits
particuliers qu'elles semblent partager avec des langues appartenant à d'autres familles. Déjà Pott avait
déclaré qu'on allait trop loin, en affirmant que les
Celtes parlent un idiome purement japhétique ;
M. Alfred Maury a exprimé la même opinion que
nous dans un de ses derniers ouvrages (1). M. Pictet, notre principal contradicteur, a été lui-même
obligé de reconnaître, dans la composition des pronoms personnels avec des prépositions, et dans la
permutation des consonnes initiales, les éléments
d'un système grammatical distinct de celui auquel
les langues indo-européennes nous ont habitués.
M. Pictet croit savoir que la permutation des consonnes initiales est propre aux idiomes celtiques seulement ; il convient, en revanche, que les composés
pronominaux y présentent des analogies frappantes
avec les mêmes composés dans les langues finnoises
(le lapon, le hongrois, le votiæke, etc.) Il aurait pu
ajouter que ces analogies se retrouvent aussi dans
les langues sémitiques, et non-seulement là, mais

(1) *La Terre et l'Homme*, p. 503.

encore dans les langues malaises. Dans une de ces langues, le dayak, on dit : *avi-ku,* par moi ; *avi-m,* par toi; *avi-e,* par lui, etc. Mais ce qui paraît avoir échappé à M. Pictet, c'est que les langues finnoises ou ougriennes obéissent à peu près toutes à la fameuse loi euphonique propre aux voyelles, qui constitue une des particularités des idiomes irlandais et erse. Elle s'y appelle *caol re caol, is leathan re leathan,* c'est-à-dire faible avec faible et forte avec forte. Lorsque deux voyelles de nature différente se suivent dans deux syllabes consécutives d'un même mot, on intercale une voyelle forte ou faible suivant le besoin, pour rétablir la concordance, comme lorsque on forme de *dagh,* brûler, *dagh-a-im,* je brûle, pour *dagh-im ;* de *fill,* plier, *filleog,* un pli, au lieu de *fillog,* etc.

Mais est-il donc vrai que la permutation des initiales soit le fait des langues celtiques seules ; que c'est là seulement que l'on voit disparaître par l'effet de la nasalation des consonnes aussi robustes que *b* et *g,* comme lorsque *ar* pour *arn* (1), notre, suivi de *gort,* jardin, s'écrit *ar ngort,* et se prononce *ar nort,* ou bien *ar (arn)* suivi de *bo,* vache, s'écrit *ar nbo* et se prononce *ar mo?* Non; on rencontre un procédé semblable dans une langue polynésienne ou malaise.

(1) La forme de ce pronom possessif est *ár* en irl. et en erse ;mais en gallois il se dit *an, yn* ou *ein;* en breton, *hon, hor;* en cornique, *gun, gen.*

Dans le dayak, la particule factitive *ma* (pour *man*)
unie p. e. à *paham*, fort, vigoureusement, forme le
verbe *ma-maham* agir vigoureusement; ou bien à
pati, caisse, le verbe *ma-masi*, mettre en caisse, en-
caisser; ou bien encore à *tusu*, mamelle, le verbe
ma-nusu, teter, et à *tangis*, larme, le verbe *ma-nangis*
pleurer. En effet, dans tous ces exemples, c'est la
nasale qui termine le premier mot qui a mutilé la
consonne initiale du mot suivant. N'oublions pas
non plus que dans le thibétain un *gr* initial se transforme souvent en *gn*.

De tout temps les langues celtiques paraissent
s'être distinguées par un penchant très-fort pour la
nasalation; il s'est singulièrement développé dans la
langue française. Serait-il par hasard un héritage
que nous auraient légué les idiomes qui se parlent
au N.-E. du bassin du Gange? Dans le thibétain les
nasales constituent presque la moitié des consonnes
finales. Dans certaines dialectes de la langue *karen*
(le pgko et le sgare) il paraît que tous les mots se
terminent par *ng*. Dans le *bodo* et le *dhimal*, deux
idiomes himalayens, parlés par les restes des populations primitives, les nasales ne sont pas rares non
plus. Le *dhimal* comme le *naga* répète le pronom
avant et après le verbe, usage qui se retrouve dans
quelques langues dravidiennes (agglutinantes) parlées
au N.-E. des monts Vindhyas, comme le *kole*. On
sait que cet usage est aussi une des particularités du
vieil irlandais. Mais ce qui rapproche ce dernier,

ainsi que toutes les langues celtiques, des langues *primitives* de l'Inde, de l'Indo-Chine et de la Polynésie, en les séparant des langues affixes de l'Europe, c'est l'habitude où elles sont de désigner les temps par des particules placées devant les verbes; ces préfixes bien connus sont *ro*, pour *pro*, puis : *no, mo, do*. Les anciens idiomes de l'Aracan et surtout le kassia ou khassia, ont adopté ce mode de conjugaison, suivis dans cette voie par le tonga, le tagal, le malgache et d'autres langues parlées des insulaires du Grand-Océan.

Enfin on n'ignore pas que parmi les grands peu-ples civilisés de l'Europe les Français sont ceux qui ont le plus déformé l'ancien type latin. Soit paresse des organes, soit besoin de s'exprimer vite et vive-ment, les mots latins ont été énervés, amollis par la bouche française au point d'en être devenus souvent tout à fait méconnaissables. Les plus fortes conson-nes ont été affaiblies, broyées, *vocalisées*, élidées ; des mots qui comptaient trois ou quatre syllabes n'en comptent plus aujourd'hui que deux ou même qu'une seule : comparez *carême* à *quadragesima, rotundus* à *rond, veduto* (ital.) à *vu, digitale* à *dé*. Il faut bien admettre que les anciens Celtes déjà n'attachaient qu'une importance médiocre à la conservation intacte du langage de leurs aïeux. Au moins trouvons-nous dans leurs idiomes des mutilations du genre de ceux-ci : *chein*, dos, pour le cambr. *kefin ; sœzet*, troublé, de *sebezaff*, être troublé; *kœr*, beau, de *cadr; roet*,

donné, pour *ro det;* enfin le nom même du peuple
Gaëls est contracté de *gadhèles.* Ajoutons encore des
formes comme *siur*, sœur, pour *sisur*, *svesur; nell*,
pour *nebl*, *nebula*, νεφέλη; *dir*, pour goth. *tagr*, δάκρυ ;
suan, pour scr. *svapnas*, lat. *somnus; tep*, chaleur,
pour *teps*, *tepsu* de la rac. *tap*, lat. *tepere* (1).

Quelle conclusion tirer de tous ces faits pour la
formation et l'histoire des langues celtiques? Elles
se sont évidemment ressenties du goût qu'avait pour
les migrations et les aventures lointaines la race qui
les parlait. De tous les peuples, les Celtes sont celui
qui a le plus voyagé; il a marché, marché toujours,
et il ne s'est arrêté que devant l'Océan sans rivages.
Il a donc traversé l'ancien continent de part en part;
et tout nous trompe, ou il paraît né du mélange d'une
tribu d'Aryâs avec des habitants primitifs de l'Inde
et de l'Indo-Chine parlant des dialectes dravidiens et
malais. Cette population primitive s'étendait jadis
bien plus au nord qu'aujourd'hui, comme le prouve
la horde des Brahvi établie encore maintenant dans
les environs de Kaboul, où elle continue à parler un
idiome voisin du tamoul. Les Aryâs auront imposé
leur langue, leurs usages, leur religion même à ces
hommes d'une race inférieure.

Les Druides, ces *prêtres des chênes,* étaient proba-

---

(1) On connaît aussi l'aphérèse de la consonne *p* au commencement
des mots irlandais : par exemple , *lan = plenus; lia = *πλείων; *ro
= pro; atteir = pater; iasg = piscis; ib*, boisson , de *bibo pibo; il
= pilus*, aha. *vilu*, all. *viel; ueit = pectus*, etc.

blement issus du sang des conquérants. Mais tout
en subissant la loi des Aryâs, les aborigènes paraissent avoir modifié à leur insu la langue étrangère
qu'ils avaient été forcés d'apprendre. Les celtistes
nous diront un jour peut-être où, dans le dictionnaire du vieil erse et de l'irlandais, il se trouve des
mots d'origine dravidienne et finnoise. Mais même
en acceptant la grande majorité des mots dont se servaient les vainqueurs, les vaincus ne pouvaient guère
s'empêcher de les adapter à leurs habitudes de prononciation et au système grammatical auquel leur
pensée s'était soumise depuis longtemps. C'est ainsi
que l'usage des préfixes pour désigner les temps, les
composés pronominaux, une forte nasalation et à sa
suite la mutilation des consonnes initiales, auront
lentement pénétré dans l'idiome des Druides. Plus
tard, lorsque les Celtes se mirent à parcourir les
vastes steppes de l'Asie du Nord et les plaines de la
Russie, ils se trouvèrent en contact avec des peuplades d'origine finnoise et tatare. Nul doute que plus
d'une horde ougrienne n'ait été englobée alors dans
la grande migration des *Galates* ou *Gadheles* et en-
traînée dans leur mouvement vers le *Far West* de
l'époque. Les langues celtiques devaient se modifier
encore une fois à la suite de ces croisements nouveaux; elles partagèrent désormais avec les idiomes
ougro-japonais la loi de l'harmonie des voyelles;
elles y retrouvèrent l'usage des composés pronominaux qu'elles avaient emprunté à l'Inde primitive.

Quant à la corruption des éléments constitutifs des
langues indo-européennes et à la déformation des
mots, l'une et l'autre peuvent dater des premiers
temps. Elles s'expliquent à la fois par l'oubli où l'on
tomba rapidement du sens de ces éléments au milieu
du renouvellement incessant de la race, et par la répugnance qu'éprouvent la plupart des peuples asiati-
ques (à l'exception toutefois des Sémites et des Cau-
casiens proprement dits) à prononcer des consonnances
dures ou seulement des consonnances doubles.

Nous venons d'exposer succinctement notre opinion sur la place que les idiomes celtiques occupent
au sein de la grande famille aryenne ; cette opinion
n'est encore qu'une hypothèse. J'ose croire pourtant
qu'elle n'est pas sans avoir son importance ; et si l'on
veut bien la prendre comme point de départ d'études nouvelles, elle pourra conduire à des résultats
sérieux et intéressants.

EXPLICATION DES TABLEAUX.

Tableau I. — *Classification des langues.*

Le système contenu dans ce tableau s'expose tout seul : le monosyllabisme, avec les idiomes qui s'y sont arrêtés, en forme le point de départ. C'est une phase que les langues indo-européennes et sémitiques n'ont fait que traverser. Les premières s'avancent d'un pas rapide vers la synthèse, dont les éléments constitutifs sont encore visibles dans le sanscrit et plus particulièrement dans la forme la plus ancienne du sanscrit, le dialecte védique. Le sanscrit peut être considéré en même temps comme le point culminant du synthétisme rationnel : c'est pourquoi nous l'avons placé juste en face des idiomes monosyllabiques, dont il est le contraste le plus saillant. Le synthétisme confus et sans méthode des langues américaines occupe une position excentrique, parce qu'il semble organisé de façon à exclure jusqu'à la possibilité d'une analyse ou seulement d'un développement ultérieur.

Les idiomes indo-européens, au contraire, reviennent lentement à l'analyse dans l'ordre indiqué par nous, ordre dans lequel nous nous sommes efforcé de combiner et de concilier jusqu'à un certain point les données de la chronologie et de l'ethnographie. La langue anglaise est celle de toutes les langues modernes qui tend à se rapprocher le plus du type monosyllabique. De toutes elle est la plus simple et la plus algébrique : aussi paraît-elle destinée à se répandre, ainsi que nous l'avons dit, sur presque toutes les parties du globe.

Les langues sémitiques aussi entrent d'abord dans la voie de la synthèse ; mais elles s'y arrêtent bien vite, et, après avoir traversé la longue courbe des idiomes indo-européens, elles reviennent à leur tour à l'analyse d'un pas d'autant plus lent qu'elles s'étaient moins éloignées du point de départ.

Les langues sémitiques et les langues japhétiques réunies forment à elles seules toute la partie supérieure du tableau, et elles sont désignées par le nom commun de langues à flexion. Toutes celles qui se trouvent placées au-dessous des idiomes monosyllabiques sont appelées langues agglutinatives, parce qu'elles ne réussissent pas à faire de leurs mots de véritables organismes, dont tous les éléments doivent être considérés comme des parties intégrantes. Dans cet ordre de synthèse incomplète, le tibétain et le mantchou, et quelques autres langues moins connues, restent presqu'à côté du chinois. Les langues océaniques semblent s'y avancer d'un pas un peu plus hardi ; mais elles sont dépassées par un très-grand nombre d'idiomes africains, qui ne sont pas sans avoir une certaine affinité avec les idiomes sémitiques. Dans le magyar, et surtout dans le finnois, la formation des mots et la flexion cessent presque de présenter le caractère morcelé que nous leur trouvons dans tous les idiomes agglutinatifs : elle nous indique pour ainsi dire le point précis où ces idiomes peuvent atteindre dans leur effort de ressembler davantage aux langues plus parfaites des Indo-Européens et des Sémites.

Tableaux des langues indo-européennes et sémitiques.
(Tab. II et III.)

Dans les tableaux des langues indo-européennes et des langues sémitiques, on remarquera un classement double. Chaque branche des deux familles y occupe à peu près la place que lui assignent le degré de ressemblance avec son idiome le plus ancien ou l'époque à laquelle elle apparaît pour la première fois dans l'histoire. C'est là le classement le plus important qui frappe la vue tout d'abord, indiquant la postérité directe du langage primordial parlé des Sémites et des enfants de Japhet avant leur dispersion. Mais les branches séparées du tronc commun sont devenues, chez les Indo-Européens surtout, à leur tour des arbres aux nombreux rameaux. Il a donc fallu présenter à l'œil la succession et pour ainsi dire la généalogie des idiomes qui sont sortis les uns des autres dans la suite des siècles. De cette nécessité il résulta pour les langues japhétiques une division triple : 1° langues anciennes, 2° langues du moyen âge, 3° langues modernes. Il n'est pas sans exemple de rencontrer des idiomes à quatre générations comme le sanscrit, qui, au 6e siècle avant notre ère, a cédé le pas au pali, dont le prâcrit du moyen âge n'est qu'une forme détériorée, ou, si l'on aime mieux, simplifiée ultérieurement. C'est seulement de cette dernière langue relativement moderne que sont sortis les nombreux dialectes qui se parlent aujourd'hui dans la presqu'île du Gange. — Les langues sémitiques, malgré les différentes phases qu'elles ont traversées, ne connaissent pas un progrès aussi régulier et n'admettent pas de classification aussi précise. Leur développement s'arrête à l'arabe classique ; et l'arabe vulgaire, parlé de nos jours, quoique plus simple que la langue des Moallakat, ne présente que des analogies lointaines avec les langues analytiques parlées aujourd'hui des nations les plus civilisées du globe.

Ordre des branches de chaque famille.

L'ordre des branches sémitiques (à savoir : 1° l'hébreu, suivi du phénicien et du punique ; 2° l'araméen ; 3° l'arabe) est indiqué par la chronologie. Il n'en est pas tout à fait de même des langues d'origine indo-européenne : c'est pourquoi nous jugeons opportun d'expliquer notre pensée avec toute la clarté désirable.

Nous rencontrons le zend tout près du sanscrit, avec lequel il est lié par une parenté intime. La conservation de la plupart des formes flexives de l'ancienne langue de la Bactriane prouve que le peuple de Zoroastre a été réuni plus longtemps qu'aucun autre de race japhétique aux habitants des bords du Gange. Puis viennent les Grecs, puis les Latins ou plutôt les Pélasges italiens, chez lesquels les traces de l'origine orientale sont déja plus effacées. Les nationalités slaves et germaniques se sont formées aussi dans un temps antérieur à l'histoire, mais leurs langues et leurs littératures n'apparaissent qu'à une époque relativement récente.

Nous avons placé les Slaves plus près des Gréco-Romains que les peuples de race teutonique, quoique ceux-ci soient les véritables héritiers de l'empire de l'Occident, et qu'ils débutent dans la carrière de la civilisation avant les Slaves ; mais les idiomes de ces derniers, notamment le lithuanien et le vieux slavon, attestent, par leur synthétisme compliqué et par la conservation presque intégrale d'une foule de formes flexives, une parenté plus rapprochée avec le sanscrit. Il pourrait en résulter en même temps une preuve de l'existence de relations fréquentes, séculaires, entre les anciens Sarmates et les anciens Indous. Les Celtes semblent s'être détachés les premiers de la grande famille centrale, et, poussés par leur instinct nomade, s'être avancés vers l'ouest, jusqu'à ce qu'ils aient été arrêtés par les bords de l'Océan. Leurs langues, malgré des traits nombreux de ressemblance avec les idiomes d'une même origine, renferment aussi des éléments qui leur sont complétement étrangers. C'est pourquoi nous avons fait aux langues celtiques une place à part dans notre tableau. Après ces langues, ce sont les idiomes teutoniques qui se sont le plus éloignés du type primitif. Les désinences mutilées des noms, leur conjugaison et leur système de dérivation, fondés en grande partie sur le changement de la voyelle radicale du verbe, accusent l'existence d'un principe nouveau dans le développement de ces langues. Ce principe, que nous avons appelé tantôt principe virtuel, tantôt principe de symbolisme, rappelle le caractère distinctif de la grammaire sémitique. On se souvient que d'autres particularités de cette grammaire, telles que l'adjonction des pronoms possessifs aux noms, se trouvent dans quelques langues ouraliennes. La prédominance du symbolisme dans les idiomes germaniques et la chute précoce de leurs anciennes formes flexives font supposer que ces formes n'ont jamais été bien familières aux Germains, et que ceux-ci, par conséquent, ont vécu moins longtemps avec les anciens Indous, sur le même sol, sous l'empire des mêmes mœurs, et peut-être des mêmes idées religieuses, que les Slaves, les Ioniens et les Pélasges.

For EU product safety concerns, contact us at Calle de José Abascal, 56–1°, 28003 Madrid, Spain or eugpsr@cambridge.org.

www.ingramcontent.com/pod-product-compliance
Ingram Content Group UK Ltd.
Pitfield, Milton Keynes, MK11 3LW, UK
UKHW012341130625
459647UK00009B/442